XENIA

ΞΕΝΙΑ

Griechisches Unterrichtswerk

Arbeitsheft

Herausgegeben von

Otmar Kampert und Wolfgang Winter

Bearbeitet von

Otmar Kampert, Rainer Knab
und Wolfgang Winter

C.C.Buchner

XENIA
ΞENIA

Griechisches Unterrichtswerk

Herausgegeben von Otmar Kampert und Wolfgang Winter

Arbeitsheft

Bearbeitet von Otmar Kampert, Rainer Knab und Wolfgang Winter

Bildnachweis

Archiv für Kunst und Geschichte, Berlin – S. 11, 37; Archiv für Kunst und Geschichte / Bildarchiv Steffens, Berlin – S. 32; Archiv für Kunst und Geschichte / De Agostini Pic.Lib., Berlin – S. 39, 49; Archiv für Kunst und Geschichte / Erich Lessing, Berlin – Einband, 27; Archiv für Kunst und Geschichte / Nimatallah, Berlin – S. 15; Photo Scala / © Kimbell Art Museum, Fort Worth, Texas, Art Rescue, NY, Florenz – S. 53; Preußischer Kulturbesitz, Berlin – S. 7; Preußischer Kulturbesitz / Antikensammlung, Staatliche Museen zu Berlin, Johannes Laurentius, Berlin – S. 9; Preußischer Kulturbesitz / Hermann Buresch, Berlin – S. 8; Preußischer Kulturbesitz / Photo Scala, Berlin – S. 23, 29; Preußischer Kulturbesitz / RMN, Grand Palais, Hervé Lewandowski, Berlin – S. 14.

1. Auflage 1 ³ ² ¹ 2015 14 13
Die letzte Zahl bedeutet das Jahr dieses Drucks.

Alle Drucke dieser Auflage sind, weil untereinander unverändert, nebeneinander benutzbar.

Dieses Werk folgt der reformierten Rechtschreibung und Zeichensetzung. Ausnahmen bilden Texte, bei denen künstlerische, philologische oder lizenzrechtliche Gründe einer Änderung entgegenstehen.

www.ccbuchner.de

Redaktion: Barbara Szlagor
Layout und Satz: tiff.any GmbH, Berlin
Illustrationen: Andrea Naumann, Aachen
Druck und Bindung: Friedrich Pustet KG, Regensburg

ISBN 978-3-7661-**5817**-8

Liebe Schülerin, lieber Schüler,

das Sprichwort „Übung macht den Meister" gilt besonders für das Lernen einer Fremdsprache. In diesem Arbeitsheft findest du zu den Lektionen 1–25 deines Lehrbuchs XENIA vielfältige zusätzliche Übungen (samt Lösungen), die dir noch mehr Durchblick verschaffen und so deine Freude an der Sprache steigern können, denn: **Was man kann, macht mehr Spaß!** Das Heft bietet dir die Chance, im Selbststudium zu arbeiten, was auch ein besonderes Maß an Überlegung und Selbstdisziplin erfordert. Um effektiv vorzugehen, empfiehlt es sich Folgendes zu beachten:

- **die Voraussetzungen:** Bevor du die Übungen bearbeitest, solltest du die Vokabeln und die Grammatik der jeweiligen Lektion schon gelernt haben.

  Dies gilt nicht für die „Erkenne dich selbst"-Lektionen (5, 10, 15, 20, 25): Die Übungen zu diesen Lektionen haben einen anderen Charakter als sonst, da hier keine neue Grammatik eingeführt wird, sondern die Gelegenheit besteht, früher Gelerntes selbst zu überprüfen, zu wiederholen und zu vertiefen. Daher ist es vorteilhaft, vor den Übungen die Vokabeln und die Grammatik der vier vorhergehenden Lektionen zu wiederholen.

- **das Material:** Du brauchst ein Heft für das Aufschreiben umfangreicherer Lösungen.

- **die Arbeitszeit:** Du hast bestimmt schon die Erfahrung gemacht, dass du z. B. für das Lernen von Vokabeln oder Deklinationen eine andere Art von Konzentration aufbringen musst als für das Lösen von Aufgaben. Teste selbst, an welchen Tagen, zu welchen Tageszeiten und wie lange du am liebsten dieses Arbeitsheft verwendest.

  Du machst beispielsweise die Erfahrung, dass du dienstags und donnerstags weniger Hausaufgaben zu erledigen hast als an den anderen Tagen. Außerdem stellst du fest, dass die Arbeit mit dem Übungsbuch dein Gedächtnis nicht so sehr beansprucht wie andere Aufgaben und dass deine Konzentration nach etwa einer halben Stunde auch dann merklich nachlässt. Daher beschließt du, dienstags und donnerstags jeweils eine halbe Stunde für die Übungen zu reservieren.

  In besonders arbeitsintensiven Wochen – etwa wenn Klassenarbeiten in anderen Fächern geschrieben werden – dürfen die Übungen natürlich auch einmal ausfallen.

- **den Umgang mit dem Lösungsheft:** Benutze das Lösungsheft nie während des Arbeitens an einer Übung. Überprüfe erst, wenn du eine Übung – am besten sogar die Übungen der ganzen Lektion – vollständig gelöst hast.

Übrigens: Auch wenn dir dieses Arbeitsheft erst später in die Hände kommt oder du das erste Jahr des Unterrichts mehr oder weniger „verschlafen" hast, da du das Fach unterschätzt hast, bieten dir die Übungen die Chance, Versäumtes nachzuholen. So könntest du in den Sommerferien an jedem Tag der letzten beiden Wochen eine Lektion selbstständig wiederholen und dich mithilfe des Lösungsheftes selbst kontrollieren. Das erfordert Selbstdisziplin, bietet aber den unschätzbaren Vorteil, selbst zu entscheiden, wann, wie schnell und wie viel du jeweils lernen willst.

Und nun wünschen wir dir viel Erfolg bei deinem Selbststudium

Die Autoren

1

① Unbekannt bekannt

Ordne folgende deutsche Wörter den griechischen Vokabeln auf der Tafel zu:

Buch • Christus • die Zahl π • Drache • Evangelium • Freundschaft • Galaxie • Gastfreund, Fremder
Himmel • Kranz • Lebewesen, Tier • Löwe • Maß • Ozean • Pferd • Rose • Schlaf • Seele • Sieg,
Siegesgöttin • Sonne • Stern • Theater • Tyrann • Weltall

ἄστρον	βιβλίον	γαλαξίας	δράκων
εὐαγγέλιον	ζῷον	ἥλιος	θέατρον
ἵππος	κόσμος	λέων	μέτρον
νίκη	ξένος	οὐρανός	πι
ῥόδον	στέφανος	τύραννος	ὕπνος
φιλία	Χριστός	ψυχή	ὠκεανός

② Schreibwerkstatt 1: Zeichne die Buchstaben nach

Δ Δ Δ Δ Δ Δ Δ Δ Δ Δ

Θ Θ Θ Θ Θ Θ Θ Θ Θ Θ

Λ Λ Λ Λ Λ Λ Λ Λ Λ Λ

Ξ Ξ Ξ Ξ Ξ Ξ Ξ Ξ Ξ Ξ

Π Π Π Π Π Π Π Π Π Π

Σ Σ Σ Σ Σ Σ Σ Σ Σ Σ

Φ Φ Φ Φ Φ Φ Φ Φ Φ Φ

Ψ Ψ Ψ Ψ Ψ Ψ Ψ Ψ Ψ Ψ

Ω Ω Ω Ω Ω Ω Ω Ω Ω Ω

③ Schreibwerkstatt 2: Zeichne die Buchstaben nach

α α α α α α α α α α
β β β β β β β β β β
γ γ γ γ γ γ γ γ γ γ
δ δ δ δ δ δ δ δ δ δ
ε ε ε ε ε ε ε ε ε ε
ζ ζ ζ ζ ζ ζ ζ ζ ζ ζ
η η η η η η η η η η
ϑ ϑ ϑ ϑ ϑ ϑ ϑ ϑ ϑ ϑ
ι ι ι ι ι ι ι ι ι ι
ϰ ϰ ϰ ϰ ϰ ϰ ϰ ϰ ϰ ϰ
λ λ λ λ λ λ λ λ λ λ
μ μ μ μ μ μ μ μ μ μ
ν ν ν ν ν ν ν ν ν ν
ξ ξ ξ ξ ξ ξ ξ ξ ξ
ο ο ο ο ο ο ο ο ο ο
π π π π π π π π π π
ρ ρ ρ ρ ρ ρ ρ ρ ρ
σ σ σ σ σ σ σ σ σ σ
τ τ τ τ τ τ τ τ τ τ
υ υ υ υ υ υ υ υ υ υ
φ φ φ φ φ φ φ φ φ φ
χ χ χ χ χ χ χ χ χ χ
ψ ψ ψ ψ ψ ψ ψ ψ ψ ψ
ω ω ω ω ω ω ω ω ω ω

4 Schreibwerkstatt 3

a Schreibe folgende Wörter in griechischen Buchstaben auf, indem du die Lücken füllst.
b Schreibe die Wörter in Großbuchstaben ohne Akzente auf.
c Erschließe, was sie bedeuten.
d Lies sie laut vor.

monarchia	_ ο _ _ _ _ ί _	______	: ______
drama	_ _ ᾶ _ _	______	: ______
theatron	_ έ _ _ _ ο _	______	: ______
demokratia	_ η _ ο _ _ _ _ ί _	______	: ______
tyrannos	_ ύ _ _ _ _ ο _	______	: ______
Zeus	_ _ ύ _	______	: ______

5 Mach die Lesetafel zu deiner eigenen

a Schreibe die Wörter aus der Lesetafel zweimal in Kleinbuchstaben ab.
b Schreibe die Wörter in Großbuchstaben. Dabei entfallen die Akzente.
c Lies die Wörter laut vor.

ἄστρον	______	______	______
βιβλίον	______	______	______
γαλαξίας	______	______	______
δράκων	______	______	______
εὐαγγέλιον	______	______	______
ζῷον	______	______	______
ἥλιος	______	______	______
θέατρον	______	______	______
ἵππος	______	______	______
κόσμος	______	______	______
λέων	______	______	______
μέτρον	______	______	______
νίκη	______	______	______
ξένος	______	______	______
οὐρανός	______	______	______
πι	______	______	______
ῥόδον	______	______	______

στέφανος
τύρανος
ὕπνος
φιλία
Χριστός
ψυχή
ὠκεανός

6 Ordne und entdecke

Ἀβροχίτων δ᾽ ὁ φύλαξ ϑηροζυγοκαμψιμέτωπος.

's beugte die Stirne der Tiere ins Joch der Wächter im Prunkkleid.

Anthologia Graeca IX 538 (übers. Beckby)

Ἀβρὸς δ᾽ ἐν προχοαῖς Κύκλωψ φϑογγάζετο μύρμηξ.

Zart an der Mündung erklang die Stimme der Ameise Kyklops.

Anthologia Graeca IX 539 (übers. Beckby)

Schrifttafel aus Mykene (o. J.)

a Schreibe die Sätze ab.

b Schreibe die Sätze in Großbuchstaben.

c Ordne deren Buchstaben in der Reihenfolge des griechischen Alphabets. Benutze für den ersten Satz Großbuchstaben, für den zweiten Kleinbuchstaben. Was entdeckst du?

A

α

d Schreibe – auch mithilfe deiner Grammatik – hinter jeden Buchstaben, wie er genannt wird.

Α α ____________

Ω ω ____________

7 H oder nicht h – das ist hier die Frage

εὐαγγέλιον · ἥλιος · οὐρανός · ὕπνος · ὠκεανός · ὥρα · ἀστρονομία
ἱστορία · Ἀθηνᾶ · Ἥφαιστος · Ἑρμῆς · Ὀλυμπία · Ἑλλάς

a Lies die Wörter laut vor. Unterscheide den Spiritus lenis vom Spiritus asper.
b Schreibe die Wörter mit Spiritus asper ab.

8 Vom ἄγγελος zum *angel* im Englischen

Vor γ, κ, χ wird γ wie n gesprochen, also *angelos* (später Engel).

a Schreibe folgende Wörter mit deutschen Buchstaben.
b Lies sie laut vor.

ἄγκυρα ____________
Σφίγξ ____________
εὐαγγέλιον ____________

Sphinx, griechische Vasenmalerei (um 470 v. Chr.)

9 Lesen mit Betonung

Es gibt drei Akzente im Griechischen, die auf den letzten drei Silben eines Wortes stehen können:

´ Akut: Er kann auf jeder der letzten drei Silben stehen: νίκη, θέατρον, πολιτική.

~ Zirkumflex: Er steht nur auf langen Vokalen der letzten oder vorletzten Silbe. Auf der vorletzten Silbe steht er nur, wenn die letzte kurz ist: ζῷον (aber Genitiv: ζῴου), δρᾶμα.

` Gravis: Er steht nur auf einer kurzen Endsilbe, wenn ein weiteres Wort folgt: πολιτικὴ τέχνη.

Bei Diphthongen steht der Akzent auf dem zweiten Vokal.

Lies folgende griechische Wörter mit der richtigen Betonung:

φιλόσοφος

καὶ λέγει (und er/sie/es sagt)

λόγος τοῦ βίου (Lehre vom Leben)

φυσικός (die Natur betreffend)

Schulunterricht, attische Schale (5. Jh. v. Chr.)

(10) Deutsch oder Griechisch?

In dem deutschen Text sind alle Fremdwörter aus dem Griechischen mit griechischen Buchstaben geschrieben.

a Lies ihn laut vor.

b Schreibe die Fremdwörter mit deutschen Buchstaben auf. Versuche – auch mithilfe des Vokabelverzeichnisses – diesen Fremdwörtern zugrundeliegende griechische Wörter und ihre deutsche Bedeutung zu ermitteln.

Wir leben in einer δημοκρατία, in der wir die πολιτικοί wählen. Jeder Schüler spricht täglich Griechisch: Morgens wird er vielleicht mit dem αὐτό zu dem Ort gebracht, wo er seine Zeit in der σχολή verbringt. Dort erfährt er nicht nur etwas über φυσικά und βιολογία, sondern hört auch μουσική oder liest in dem βιβλίον. Mit der verbliebenen ἐνέργεια schleppt er sich nach Hause, wo er das χάος in seinem Zimmer beseitigt. Dann lässt er seine φαντασία spielen, um zu überlegen, was er tun kann. Oft führt er dann einen διάλογος.

δημοκρατία ______ : ______

πολιτικοί ______ : ______

αὐτό ______ : ______

σχολή ______ : ______

φυσικά ______ : ______

βιολογία ______ : ______

μουσική ______ : ______

βιβλίον ______ : ______

ἐνέργεια ______ : ______

χάος ______ : ______

φαντασία ______ : ______

διάλογος ______ : ______

2

V 1 Bilde Paare

Ordne den griechischen Vokabeln die passende deutsche Bedeutung zu:

κλέπτω | καί | λέγω | εἰσίν | οὐκ | ὁ ἄνθρωπος | νομίζω | ἔχω

glauben | haben | Mensch | nicht | sagen | sie sind | stehlen | und

F 2 Ordne und erkenne

a Ordne die griechischen Wörter nach Wortarten in folgende Tabelle:

Substantiv	Adjektiv	Verb	Partikel

ἱκετεύουσι | δέ | ἔχει | οὐρανῷ | ὁμοίους | λέγουσιν | ἀνέμων | θεοῦ | ζῷον | κύκλοις

b Bestimme die Form – sofern möglich.
c Gib die deutsche Bedeutung der Lexikonform an.

ζῷον		λέγουσιν	
δέ		ἀνέμων	
ἔχει		θεοῦ	
οὐρανῷ		ἱκετεύουσι	
ὁμοίους		κύκλοις	

F 3 Verändere den Numerus

Bilde von folgenden Wörtern den jeweils anderen Numerus. Dabei bleiben die Akzente unverändert. Bei einem Wort ist es nicht möglich. Begründe warum.

ναοῦ	λέγει	βωμούς	ὁμοίοις
οὕτω	ἀνθρώπῳ	θύουσι	θεοί

F 4 Einordnung

a Trage die Formen des Artikels in folgendes Schema ein.

b Trage die folgenden Substantive an die passende Stelle in der Tabelle ein.

ἄνθρωποι · ἀνθρώποις · ἄνθρωπον · ἄνθρωπος
ἀνθρώπου · ἀνθρώπους · ἀνθρώπῳ · ἀνθρώπων
εἴδωλα · εἴδωλα · εἰδώλοις · εἴδωλον · εἴδωλον
εἰδώλου · εἰδώλῳ · εἰδώλων

	Maskulinum			
	Singular		Plural	
	Art.	Subst.	Art.	Subst.
Nom.				
Gen.				
Dat.				
Akk.				

	Neutrum			
	Singular		Plural	
	Art.	Subst.	Art.	Subst.
Nom.				
Gen.				
Dat.				
Akk.				

S 5 Baupläne

Ein Satz kann u. a. aus Subjekt, Objekt und Prädikat bzw. Prädikatsnomen mit Kopula bestehen. Ordne diese Fachtermini den Satzbestandteilen folgender Sätze zu.

Οἱ Πέρσαι (Perser) ἡλίῳ καὶ ἀνέμοις θύουσιν.

Οἱ Πέρσαι (Perser) εἴδωλα καὶ ναοὺς καὶ βωμοὺς οὐκ ἔχουσι.

Οἱ θεοὶ ὅμοιοι ἀνθρώποις εἰσίν.

Οἱ Ἕλληνες (Griechen) τοὺς θεοὺς νομίζουσιν ἀνθρώποις ὁμοίους.

Götterversammlung, griechische Vasenmalerei (um 510 v. Chr.)

V 1 Durch das Labyrinth

Durch das Labyrinth gelangst du nur, wenn du das griechische Wort mit der passenden deutschen Bedeutung verbindest. Dabei kannst du nur senkrecht und waagerecht gehen.

κλέπτω	sie sind	Götterbild	ἥλιος	bilden
stehlen	Sonne	ἐστιν	τιμή	παιδεύω
σχολή	ἆθλον	εἴδωλον	Ehre	nackt
ἀκούω	Tier	λαμβάνω	Verfassung	γυμνός
wie	ἄνεμος	gut	πολιτεία	hören
πῶς	nehmen	ἀγαθός	Lehrer	ψυχή

F 2 Bilde Paare

Stelle die passende KNG-Kongruenz (d. h. Wörter, die in Kasus, Numerus und Genus übereinstimmen) her:

σχολήν · πολιτεία · σχολῶν · ζῷα · μύθων · ἀνθρώπῳ

παιδία · παιδείαν · τιμῶν · ψυχή · Ὁμήρῳ · φιλοσόφων

F 3 Ordne und bestimme

παιδείαν · τιμαῖς · σχολαί · πολιτείᾳ · ψυχῶν

a Ordne die Substantive der α-Deklination nach Stämmen auf -α und -η.

Stämme auf -α

Stämme auf -η

b Bestimme die jeweilige Form.

παιδείαν	τιμαῖς	σχολαί
πολιτείᾳ	ψυχῶν	

c Erläutere knapp die Unterschiede in der Deklination der Substantive mit Stämmen auf -α und -η.

F 4 Suche das passende Adjektiv

Verbinde die Substantive mit den passenden Adjektiven:

θεοῦ | εἴδωλα | πολιτεία | ἀνθρώπων | παιδίον | φιλοσόφους | ψυχῇ

γυμνόν | ἀγαθή | καλοῦ | ἑκάστη | ἀγαθούς | ὅμοια | καλῶν

S 5 Auf die Stellung kommt es an

Übersetze die Sätze. Gib an, welcher Gebrauch des Adjektivs vorliegt (attributiv, prädikativ oder substantiviert):

Τὰ παιδία παίζει (spielen) γυμνά. ________ (________)

Τὰ γυμνὰ παιδία παίζει (spielen). ________ (________)

Οἱ γυμνοὶ παίζουσιν (spielen). ________ (________)

S 6 Singular oder Plural

Οἱ μὲν διδάσκαλοι τοῖς παιδίοις μύθους λέγουσιν, τὰ δὲ παιδία ἥσυχά ἐστιν (ἥσυχος still). Καὶ ὅτι τὰ παιδία τοὺς μύθους μανθάνει, αἱ τῶν παιδίων ψυχαὶ ἀγαθαί εἰσιν. Σχολὴ δὲ τοῖς παιδίοις οὐκ ἐστιν.

a Bestimme den Numerus von Subjekt und Prädikat in den oben stehenden Sätzen.

b In welchem Fall stimmt der Numerus von Subjekt und Prädikat nicht überein?

c Übersetze den Text.

V 1 Puzzle

Wenn du die Puzzleteile passend zusammenfügst, erhältst du einige Vokabeln aus der Lektion 4. Gib jeweils die deutsche Bedeutung der Lexikonform an.

ἀ- ἀπο- αὐ- γιγνώ- δοῦ- ἐ- οὐκ-

παρα- πεί- τό- -γώ -δε -εί -έτι

-θω -λος -μένω -ρία -σκω -τός

F 2 Formen würfeln

Würfle deine Formenübung selbst. Dazu brauchst du zwei Würfel.

1			2		
⚀ 1. P. Sg.	⚃ 1. P. Pl.		⚀ ἀκούω	⚃ γιγνώσκω
⚁ 2. P. Sg.	⚄ 2. P. Pl.		⚁ λέγω	⚄ ἐθέλω
⚂ 3. P. Sg.	⚅ 3. P. Pl.		⚂ ἐσθίω	⚅ θάπτω

Wenn beide Würfel die gleiche Punktzahl anzeigen, bildest du den Infinitiv des entsprechenden Verbs.

Zum Aufwärmen einige Kombinationen:

⚂ ⚂ ______

⚅ ⚄ ______

⚃ ⚁ ______

⚀ ⚀ ______

⚁ ⚃ ______

⚄ ⚅ ______

Achilles und Ajax bei einem Würfelspiel, griechische Vasenmalerei (6. Jh. v. Chr.)

F 3 Demonstrativa

Bilde zu folgenden Substantiven die jeweils passende Form der beiden Demonstrativpronomen (ὅδε, ἥδε, τόδε – οὗτος, αὕτη, τοῦτο).

τοῦ βίου	______	τοὺς μύθους	______
τὰ ἱμάτια	______	τὸ ἆθλον	______
τῇ ἀπορίᾳ	______	τῶν τιμῶν	______
τὰς παιδείας	______	οἱ φιλόσοφοι	______

F 4 Verben

Vervollständige die Tabelle aus folgenden Formen. Es können auch zwei Formen eingetragen werden:

εἶναι · πῖνε · θάπτεις · δεῖ · παραμένω · λέγειν · ἔξεστιν · μανθάνετε · εἰσίν
ἱκετεύομεν · λαμβάνεις · καθεύδουσιν · ἔχω · νομίζετε · θύει

1. P. Sg.		Infinitiv	
2. P. Sg.		Imp. Sg.	
3. P. Sg.		Imp. Pl.	

1. P. Pl.	
2. P. Pl.	
3. P. Pl.	

S 5 Sokrates – ein vielschichtiger Mann

Ὁ Ἀντιφῶν λέγει τὸν Σωκράτη (Akk. Sg. m.) κακὸν βίον διάγειν· νομίζει γὰρ τόνδε οὕτως ὥσπερ οὐδὲ δοῦλοι τὸν βίον διάγειν. Ἀκούει μὲν τοῦτον τὸν ἄνθρωπον κακὰ ἐσθίειν καὶ πίνειν, νομίζει δὲ τὸν αὐτὸν εἶναι διδάσκαλον.

a Übersetze den Text.
b Schreibe Prädikate, Subjektsakkusative und Prädikatsinfinitive heraus.

Sokrates (ca. 470–399 v. Chr.)

S 6 Auf die Stellung kommt es an

Erläutere anhand von L1, welche Stellungen bei den Formen von αὐτός vorliegen und wie sie die Bedeutung des Wortes beeinflussen.

Z. 5: καὶ ἱμάτιον ἔχεις οὐ μόνον φαῦλον, ἀλλ' ἀεὶ τὸ αὐτό. ______

Z. 6: Καὶ αὐτὸς διδάσκαλος μὲν εἶ, χρήματα δ' οὐ λαμβάνεις. ______

5

V 1 Wörter, die verbinden

Stelle alle Partikeln und Konjunktionen zusammen, die einem der folgenden Begriffe zugeordnet werden können, und übersetze sie. Beachte, dass einige Wörter, z. B. aufgrund verschiedener Bedeutungen, mehrfach zugeordnet werden können.

1. aneinanderreihend: ______________________
2. einen Gegensatz bezeichnend: ______________________
3. begründend: ______________________
4. hervorhebend: ______________________
5. einschränkend: ______________________
6. eine Folge bezeichnend: ______________________
7. vergleichend: ______________________
8. einen Nebensatz einleitend: ______________________

F 2 Demonstrativ

a Das Demonstrativpronomen ὅδε ist aus dem Artikel und der Endsilbe -δε zusammengesetzt. Dekliniere ὅδε in allen Genera.

b Dekliniere nun οὗτος, αὕτη, τοῦτο und unterstreiche die Formen, die beim Lernen Schwierigkeiten bereiten könnten.

F 3 o oder a

a Bestimme die Deklination folgender Formen.

b Bestimme folgende Formen nach Kasus, Numerus und Genus.

c Gib die deutsche Bedeutung der Lexikonform an.

ἀπορίας	θεοῦ	σχολῇ	ἀνθρώπους	θάλατταν	ξένων

ἆθλα	ἀρετῶν	φίλῳ	ψυχή	βίοις	εἴδωλον

F 4 Schaffe Ordnung

a Setze folgende Verben in die Tabelle.
b Ergänze die fehlenden Formen nach dem Paradigma aus deiner Grammatik.
c Gib von allen Formen die deutsche Entsprechung an.

ἐστέ · λέγεις · ἐσμέν · ἔχω
νομίζουσιν · ἐστίν · μανθάνει
εἶ · λαμβάνομεν · εἰμί
παίδευε · εἶναι · ἀκούετε

	Verba vocalia/muta		εἶναι	
	Singular	Plural	Singular	Plural
1. P.				
2. P.				
3. P.				
Imperativ				
Infinitiv				

S 5 Satzteile

Bestimme bei folgenden Sätzen die Satzteile.

Ὁ ἀγαθὸς ἄνθρωπος τοῖς θεοῖς θύει.

Ὁ ἄνθρωπος ἀγαθός ἐστιν.

S 6 Prädikativ oder attributiv

Eine wichtige Erscheinung im Griechischen ist die Unterscheidung zwischen prädikativer und attributiver Stellung.

a Erläutere, woran du eine prädikative und attributive Stellung im Griechischen erkennst.
b Stelle aus folgenden Bestandteilen je einen Satz mit dem Adjektiv in attributiver und in prädikativer Stellung zusammen.

ἀγαθοί · ἀγαθοὶ · ἄνθρωποι · ἄνθρωποι · ἀπορέουσιν
εἰσιν · οἱ · οἱ

c Manche Wörter besitzen – je nach Stellung – eine andere Bedeutung. Erläutere dies am Beispiel von αὐτός.

S 7 AcI

Die erste satzwertige Konstruktion, die du kennengelernt hast, ist der AcI. Erläutere anhand des folgenden Beispiels, was man bei der Übersetzung eines AcIs beachten muss.

Οἱ φίλοι λέγουσίν σε τούτους τοὺς ἀνθρώπους γοητεύειν (verzaubern).

V 1 Domino

Bastle dir Dominosteine und lege sie so zu einem Viereck aneinander, dass an die griechische Vokabel die passende deutsche Bedeutung anschließt.

hören	ἀποκρί-νομαι
Anfang	ταχύ
Sohn	βούλομαι
gehen	ἀκούω
Bruder	υἱός
groß	ἀρχή
dir	μετά + Gen.
antworten	χρόνος
schnell, bald	ἔρχομαι
sich erkundi-gen	τί
Zeit	σοί
wollen	μέγας
was? warum?	ἀδελφός
mit	πυνθά-νομαι

F/V 2 Wer wird Sieger?

Drei Läufer laufen über die Mediumsteine zum Ziel.

a Wer gewinnt?

ἀκούεται	πίνῃ	γιγνώ-σκονται	θαπτόμεθα	ἄγεσθε	φαίνειν	τὸ τέλος
ἔρχεται	φέρονται	βούλεσθαι	πείθου	ἱκετεύῃ	παιδευόμεθα	
μανθά-νονται	λέγῃ	νομίζεσθε	θυόμεθα	ἐσθίει	ἀποκρίνομαι	

b Korrigiere mithilfe deiner Grammatik die falschen Formen bei den anderen beiden.

______________________________ ______________________________

c Gib von allen Vokabeln die Lexikonform an.

F 3 Stelle Beziehungen her

Setze zu folgenden Substantiven die entsprechenden Formen von μέγας, μεγάλη, μέγαν und πολύς, πολλή, πολύ.

χῶραι	______	______	ἀπορία	______	______
ἀρχαῖς	______	______	λόγων	______	______
τέκνα	______	______	ψυχάς	______	______
βίους	______	______	χρόνον	______	______

S 4 Immer wieder αὐτός

Je nach Stellung hat αὐτός verschiedene Bedeutung.

a Übersetze den Text.

b Begründe, warum du welche Bedeutung für αὐτός gewählt hast.

Ἄνθρωπός τις (ein) ἔχει δύο (zwei) υἱούς. Ὁ δὲ νεώτερος (der jüngere) εἰς ἄλλας χώρας ἔρχεται καὶ ἐνθάδε πολλὰ ἐσθίει καὶ πίνει. Ὡς δὲ ὁ πατὴρ (der Vater) ἀκούει αὐτὸν ἥκειν, εὐφραίνεται (sich freuen). Ἀλλ᾽ ὁ υἱὸς αὐτὸς λέγει· „Ἐν ἀπορίᾳ εἰμί· διάγω γὰρ κακὸν βίον, ὥς γέ μοι δοκέει.“ Ὁ δὲ πατὴρ (der Vater) αὐτῷ ἀποκρίνεται· „Σύ γε εἶ υἱός μου καὶ νῦν· ἀεὶ γὰρ ἔχω τοὺς αὐτοὺς υἱούς. Παράμενε οὖν μοι.“ Καὶ ὁ υἱὸς εὐφραίνεται (sich freuen), ἀλλ᾽ ὁ ἀδελφὸς λέγει τῷ πατρί (Vater)· „Πολὺν χρόνον ἐγώ σοι δουλεύω· νῦν ἀκούω αὐτὸν ἥκειν καὶ σὲ εὐφραίνεσθαι (sich freuen). Τοῦτο δέ μοι δοκεῖ ἄδικον (ungerecht) εἶναι.“

S 5 Werde Lehrer

Stell dir vor, dass ein Mitschüler nichts über das Medium weiß. Schreibe in Stichpunkten das Wichtigste auf, das er über Formen und Gebrauch des Mediums wissen muss.

W 6 Formentafel zu den Deklinationen

ὁ κύριος	______	______	______	______	______	______
	Gen. →	Pl. →	Dat. →	Akk. →	Sg. →	Nom.
τὸ τέκνον	______	______	______	______	______	______
	Akk. →	Pl. →	Gen. →	Sg. →	Dat. →	Nom.
ἡ ἀρχή	______	______	______	______	______	______
	Pl. →	Akk. →	Sg. →	Dat. →	Gen. →	Nom.

V 1 Mannschaftsaufstellung

Der Trainer hat seine griechische Mannschaftsaufstellung bekannt gegeben. Stelle du die deutsche Mannschaft. Dabei sollen die griechische Vokabel und die deutsche Entsprechung jeweils die gleiche Position einnehmen.

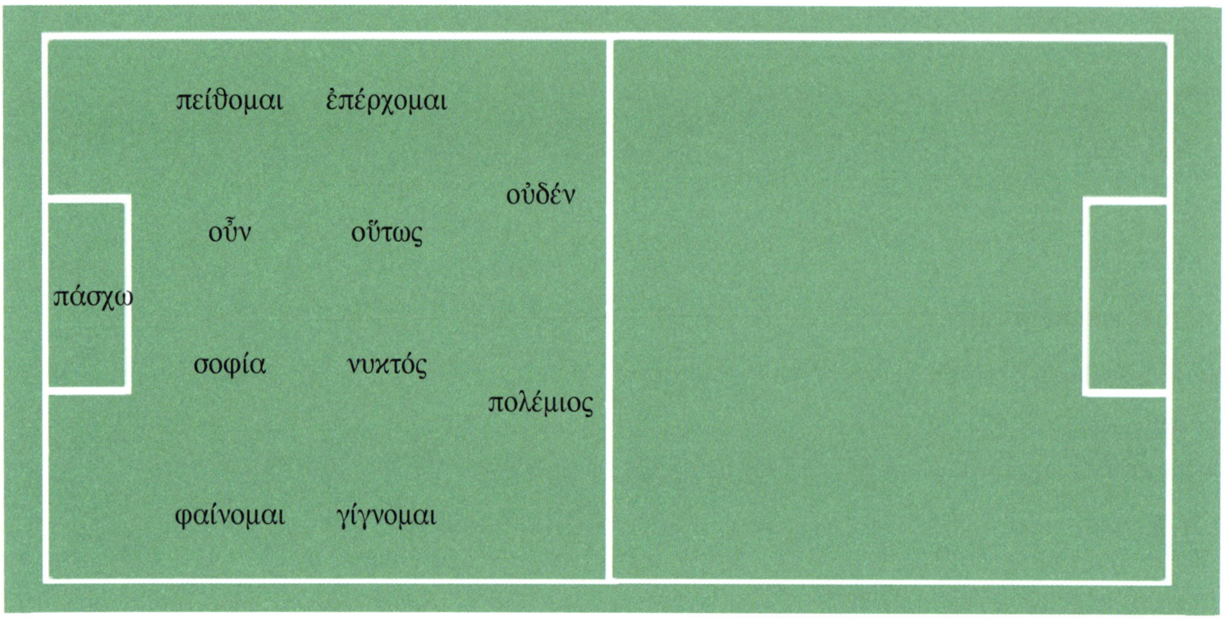

F 2 Bauplan

Das Partizip Präsens Medium/Passiv ist aus drei Bestandteilen zusammengesetzt (Wortstamm, Partizipkennzeichen, Endung). Stelle aus den drei Bausteinen folgende Formen her. (Die Akzente kannst du in dieser Übung unberücksichtigt lassen.)

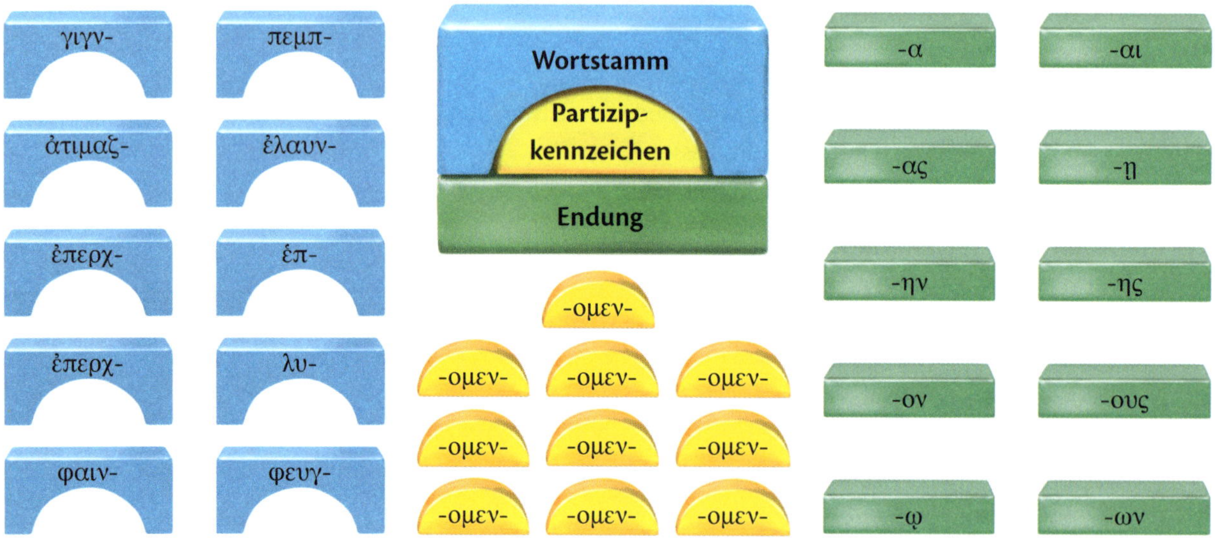

Dat. Sg. m von γίγνομαι ______________

Nom. Pl. f von ἀτιμάζω ______________

Akk. Pl. n von ἐλαύνω ______________

Gen. Pl. m von ἐπέρχομαι ______________

Akk. Pl. m von φαίνομαι ______________

Akk. Sg. f von πέμπω ______________

Nom. Sg. n von πείθομαι ______________

Gen. Sg. f von ἕπομαι ______________

Akk. Pl. f von λύω ______________

Dat. Sg. f von φεύγω ______________

S 3 Partizip

Prüfe, in welchen Fällen das Partizip mit Adverbialsatz übersetzt werden kann, also adverbial bzw. prädikativ verwendet wird, und wo eine Substantivierung des Partizips vorliegt.

Ὁ δὲ ἱερεὺς (Priester) ἐν ἀπορίᾳ πολλῇ ἐστι καὶ εἰσερχόμενος εἰς τὸ μέγαρον (Tempelhalle) ὀλοφύρεται τὰ γιγνόμενα. Ὀλοφυρόμενον (beklagen) δ᾽ αὐτὸν ἐπέρχεται ὕπνος καὶ αὐτῷ φαινόμενος ὁ θεὸς θαρσύνει (Mut einflößen)· „Στρατευόμενος οὐδὲν πάσχεις, αὐτὸς γάρ σοι πέμπω στρατιώτας."

(7L, Z. 4–8)

S 4 Mäusejagd

a Schreibe alle Partizipien heraus und bestimme, ob sie attributiv, substantiviert oder prädikativ gebraucht werden.

b Übersetze den Text.

Οἱ τῶν Αἰγυπτίων στρατιῶται ὑπὸ τοῦ στρατηγοῦ (Heerführer) ἀτιμαζόμενοι τούτῳ βοηθέειν οὐκ ἐθέλουσιν. Οὕτως ἐκεῖνος ἐν ἀπορίᾳ πολλῇ ἐστιν καὶ ὀλοφυρόμενος (beklagen) τὰ γιγνόμενα εἰσέρχεται εἰς τὸ μέγαρον (Tempelhalle). Ἐκεῖ (dort) δ᾽ ὁ θεὸς αὐτῷ ἐν ὕπνῳ φαινόμενος λέγει· „Στρατεύου. Πέμπω γὰρ σοὶ στρατιώτας." Πειθόμενος οὖν ὁ Σέθων λαμβάνει Αἰγυπτίων τοὺς ἀνθρώπους τοὺς βουλομένους αὐτῷ ἕπεσθαι. Νυκτὸς δὲ μῦς (die Mäuse, Nom. Pl.) τὰ ὅπλα τῶν πολεμίων λύουσιν, ὥστε οὗτοι γυμνοὶ φεύγουσιν.

W 5 Kletterwand

Du gelangst auf der Kletterwand nach oben, wenn du alle Formen des Präsens eines Verbs bestiegen hast.

8

V 1 Entdecke

Wenn du die griechischen Vokabeln in der Reihenfolge der arabischen Zahlen mit der jeweils passenden deutschen Bedeutung zusammenbringst, entdeckst du etwas, das Alexander viel bedeutete.

1	διά + Gen.	I	gehen
2	βασιλικός	II	hinaufgehen
3	ἅπτομαι	III	befehlen
4	εὐθύς	IV	um – herum
5	λαμβάνω	V	weil
6	περὶ + Dat. / Akk.	VI	dann, darauf
7	κελεύω	VII	nehmen, ergreifen, bekommen
8	ἡ φωνή	VIII	durch
9	ἔρχομαι	IX	da sein
10	ἅτε + Part.	X	wenden
11	πάρειμι	XI	sofort
12	ἔπειτα	XII	lernen
13	ἀναβαίνω	XIII	königlich
14	μανθάνω	XIV	berühren
15	τρέπω	XV	Ton, Stimme

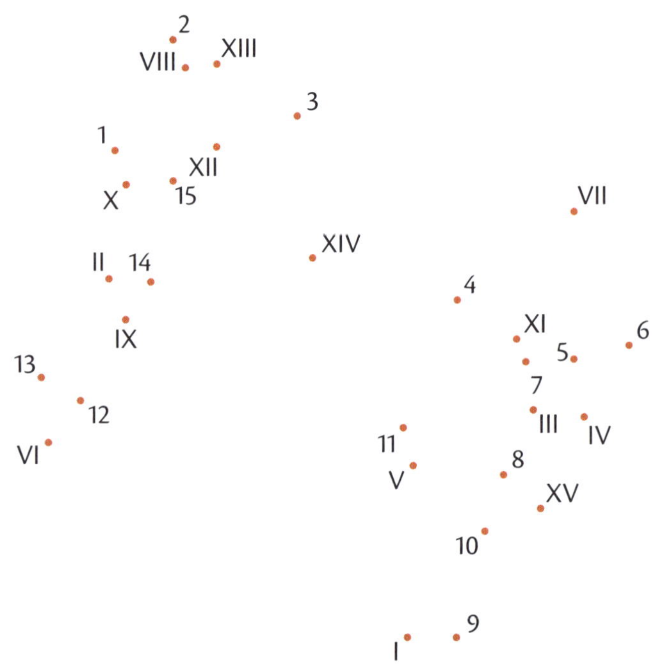

F 2 Eintragen und erkennen

a Trage die Formen von πᾶς in die folgende Tabelle ein. Trenne dabei, wenn möglich, im Maskulinum und Neutrum Stamm und Endung voneinander ab.

b Benenne, was bei der Deklination von ντ-Stämmen zu beachten ist.

Singular	m	f	n
Nom.	πᾶς	πᾶσα	πᾶν
Gen.			
Dat.			
Akk.			

Plural	m	f	n
Nom.			
Gen.			
Dat.			
Akk.			

F 3 Bilde ein Schema

a Übertrage die Tabelle aus F2 in dein Heft und trage nebenstehende Partizipformen in die Tabelle ein.
b Vervollständige das Schema mit den drei passenden Formen des Part. Präs. Akt. von λύω.
c Bilde die Lexikonform der Partizipien und gib deren deutsche Bedeutung an.

ἀναβαίνοντος (2) · ἄπαγον (2)
δακρυουσῶν · θέλουσα
κελευόντων (2) · λαμβάνουσι (2)
μανθάνων · παρόντι (2)
ταραττούσης · τρέποντες
τρεχούσῃ · φεύγοντα (3)

F 4 Bilde Paare

Bilde zu folgenden Substantiven die passende Form von πᾶς, πᾶσα, πᾶν:

____________	κόσμῳ	____________	στρατοῦ
____________	σοφίας (2)	____________	ὕπνους
____________	στρατιώτης	____________	ὅπλα
____________	κεφαλῆς	____________	παρθένον (!)

S 5 Boukephalas

a Schreibe aus dem Text die Partizipien heraus und ordne sie nach Aktiv und Medium / Passiv.
b Bestimme, ob AcP, attributiver oder prädikativer Gebrauch vorliegt. Berücksichtige das bei der Übersetzung.
c Schreibe die Partikeln heraus, die den Sinn der Partizipien bestimmen, und gib an, welche Färbung sie bewirken.
d Schreibe die beiden AcPs aus dem Text heraus. Gib dafür jeweils das übergeordnete Verb, den Akkusativ und das Partizip an.
e Übersetze den Text.

Βουκεφάλαν ὡς ἄγριον ὄντα ἀπάγεσθαι δεῖ. Ὁ δ' Ἀλέξανδρος παρὼν λέγει· „Πάντας μὲν ἅτε οὐκ ἔχοντας οὔτ' ἀνδρείαν οὔτ' ἐμπειρίαν ταράττει ὁ ἵππος· ἐγὼ δὲ προσέρχεσθαι πρὸς αὐτὸν βούλομαι.“ Ἅτε οὖν μανθάνων τὸν Βουκεφάλαν σκιᾷ αὑτοῦ ταραττόμενον τρέπει τὸν ἵππον πρὸς τὸν ἥλιον. Ὅτι δ' ὕστερον γιγνώσκει τὸν ἵππον τρέχειν θέλοντα, ἐλαύνει αὐτὸν φωνῇ μεγάλῃ κελεύων.

Alexander zähmt Boukephalas (o. J.)

W 6 Fachsprache: Bist du ein Experte?

Erkläre folgende grammatische Fachtermini:

Artikel · Elision · Imperativ · Indikativ · Infinitiv · Negation · Objekt
Prädikat · Prädikatsnomen · Subjekt · Substantiv · Verb

V 1 Domino-Reihe

a Bastle dir Dominosteine und lege sie in die richtige Reihenfolge.
b Ergänze jeweils die Halbsteine am Anfang und am Ende mit der passenden Beschriftung.

διαφέρω	ebenso	ἔνιοι	als, weil	ἐπεί	gehorchen	εὐθύς	Ort
ἔχω	sofort	θυσία	Stadt	κίνδυνος	sich unterscheiden	τόπος	einige
ὄνομα	irgendjemand	οὐδείς	wir	παρέχω	Gefahr	πόλις	anbieten
τις	niemand, kein	πείθομαι	Opfer	ὡσαύτως	Name		

F/V 2 Die Akkusativstraße

Die drei Läufer gelangen nur über Akkusative zum Ziel.

a Gib an, welcher Läufer sein Ziel erreicht.
b Hilf den anderen Läufern, indem du die Formen, die nicht passen, in den Akkusativ setzt.
c Gib von allen Wörtern die Lexikonform und die deutsche Bedeutung an.

τινα	οὐδέν	ὕπνον	κινδύνους	διαφέρουσιν	παράδειγμα	δημοκρατίας	τὸ τέλος
ὀνόματα	ἄρχοντα	θυσία	παῖδα	ἀρέσκοντι	φωνήν	πειθομένοις	
ἀνδρείαν	ὅπλα	ἀνόσια	ἀπάγοντας	εὐφραίνοντας	πολεμίους	γραφάς	

F 3 Vertausche den Numerus

τις ______________ τι ______________ τινας ______________

τισιν ______________ τινος ______________

F 4 Deklinationsschema

Stelle aus nebenstehenden Formen das Deklinationsschema für die Dentalstämme der 3. Deklination im Neutrum zusammen:

ὄνομα · ὀνόματα · ὀνόματι
παραδείγμασιν · παραδείγματος
παραδειγμάτων

F 5 Zuordnung

a Ordne folgende Formen der 3. Deklination einem Stamm (-ντ-, Nasal, Dental) zu.
b Benenne für jeden Stamm die Regel, die bei der Bildung des Dativ Plurals gilt.
c Es gibt ein Wort, das sich nicht zuordnen lässt. Zu welcher Wortart gehört es?

πᾶς · ἀπάγουσιν · παντάπασιν · τρέχοντα · παῖς · ὄνομα · ἄρχων · οὐδέν · τισιν

ντ-Stamm	Nasalstamm	Dentalstamm	?
______	______	______	______
______	______	______	______
______	______	______	______
______	______	______	______

F 6 Kletterwand

Du gelangst zur Spitze, wenn du nur über einen Stamm (-ντ-, Nasal, Dental) der 3. Deklination gehst. Wie viele Wege findest du?

W 7 Paarbildung

Setze vor die folgenden Substantive die entsprechende Form der Demonstrativpronomen mit Artikel:

______	ἐμπειρίας (2)	______	κινδύνους
______	θυσίαις	______	παῖδες m.
______	σιγῆς	______	γιγνόμενα
______	πόλις	______	παραδείγματα
______	Φιλίππου	______	φωναί

V 1 Wortfelder

Stelle zu folgenden Wortfeldern die entsprechenden Vokabeln zusammen.

Denken, Reden, Lernen (Lektion 2–9)

Bewegung (Lektion 6–8)

Natur (Lektion 2–9)

Krieg (Lektion 7–10)

Der Mensch: Lebensphasen und Beziehungen (Lektion 5–10)

V 2 Ableitung

Ermittle die Bedeutung der folgenden Fremdwörter und vergleiche sie mit den griechischen Ursprungswörtern und deren deutschen Bedeutungen.

Akustik	______	Misanthrop	______
empirisch	______	Pädagoge	______
Eremit	______	Paradigma	______
Grafik	______	Phonetik	______
Haptik	______	Strategie	______
Hyperbel	______		

S 3 Unscheinbares

Oft werden im Griechischen Spiritus, Akzente und Satzzeichen, aber auch die Enklise nicht beachtet. Dennoch sind sie für das Erfassen von Formen und Sätzen wichtig.

a Stelle die Spiritus und Akzente im Griechischen zusammen.
b Notiere die griechischen Satzzeichen (als Zeichen) und ihre deutsche Entsprechung (als Wort).
c Benenne am folgenden Satz die Spiritus, die Akzente und das Satzzeichen und erkläre, warum in dem Satz εἰμι keinen Akzent hat.

Ἀνόσιος μέν εἰμι τὴν τοῦ ἀδελφοῦ κεφαλὴν ἐν θησαυρῷ βασιλικῷ ἀποταμών (weil ich abgeschnitten habe).

(8W, Z. 2–3)

F 4 Partizipien

Partizipialkonstruktionen bestimmen das Griechische wesentlich. Deshalb ist es wichtig, dass du sie auflösen kannst. Folgende Fragen sollen dir dabei helfen.

a Wie wird das Part. Präs. Akt. und das Part. Präs. Medium / Passiv gebildet?
b Welche Partikeln hast du bisher kennengelernt, die die Sinnrichtung eines Partizips bestimmen?
c Erläutere, was ein AcP ist, indem du diese Konstruktion mit einem AcI vergleichst.
d Beschreibe eine Methode zur Auflösung von Partizipialkonstruktionen, die du kennengelernt hast.
e Erläutere die Auflösung einer Partizipialkonstruktion an folgendem Beispiel:

Καὶ οὐκ ἀνόμως ἔχομεν πειθόμενοι τοῖς τε ἄρχουσι καὶ τοῖς νόμοις.

(9L, Z. 4–5)

F 5 3. Deklination

Bei der 3. Deklination ist es wichtig, die verschiedenen Stämme unterscheiden zu können, um die Form richtig bestimmen zu können.

a Woran erkennst du die Nasal-, Dental- und ντ-Stämme der 3. Deklination?
b Welche Veränderungen ergeben sich, wenn diese Stämme auf ein σ treffen?

F 6 Segmentiere

a Zerlege die Formen in ihre jeweiligen Bestandteile.
b Ordne die Form einer Verbalklasse bzw. Deklination zu.
c Bestimme die Formen, indem du angibst, was du aus den Bestandteilen ableiten kannst.
d Nenne die Lexikonform und gib die Bedeutung an.

ἀκούοντος · ἀποκρίνῃ
ἁπτομένους · ἄρχουσα
βουλόμεθα · ἐρχομένῃ · ἥκεις
κελεύοντας · κυρίους · παῖδα
παραδείγματι · σοφίαν
στρατιώτου · τινές · φαίνεται

S 7 Theseus und der Minotaurus

Ὁ Μινώταυρος πολλοῖς ἀνθρώποις χαλεπὸς ὢν ὑπὸ τῶν Ἀθηναίων (ὁ Ἀθηναῖος der Athener) μισέεται. Τούτους γὰρ πολλὰ τέκνα εἰς τὴν Κρήτην πέμπειν δεῖ. Ὕστερον δὲ τὸν Μινώταυρον ταῦτα τὰ τέκνα ἐσθίοντα πυνθάνονται. Ἔπειτα δὲ Αἰγεὺς ὁ τῶν Ἀθηνῶν βασιλεύων (βασιλεύω König sein, herrschen) τὸν υἱὸν εἰς τὴν Κρήτην πέμπει ἅτε ἐκείνοις τοῖς παιδίοις βοηθέειν βουλόμενος. Θησεὺς γὰρ οὐ μόνον ὑπ' οὐδενὸς τῇ ἀνδρείᾳ ὑπερβάλλεται, ἀλλὰ καὶ τῶν ἄλλων τῇ σοφίᾳ διαφέρει. Διὸ Ἀριάδνη θαυμάζει αὐτόν. Φονεύει (φονεύω töten) δὲ οὗτος τὸν Μινώταυρον. Καὶ αὐτῷ ἐκ τοῦ λαβυρίνθου (aus dem Labyrinth) φεύγειν ἐθέλοντι βοηθέει ἡ παρθένος.

Καὶ οἱ ταῦτα ἀκούοντες ἥδονται.

Theseus tötet den Minotaurus, griechische Vasenmalerei (6. Jh. v. Chr.)

a Benenne bei dem Satz in Z. 2 f. die Satzteile.
b Suche den AcP aus dem Text heraus.
c Schreibe die Partizipien aus dem Text und bestimme, ob sie prädikativ, attributiv oder substantiviert gebraucht sind.
d Entschlüssele den Satz in Z. 4–6 nach der Konstruktionsmethode.
e Übersetze den Text.

V 1 Schaffe Verbindung

a Ordne den griechischen Vokabeln die passende deutsche Bedeutung zu.
b Doch: Vorsicht! Es geht nicht auf. Benenne daher die passenden fehlenden Formen.

ἀγγέλλω	______	μισέω	______
αἰσθάνομαι	______	ὅσιος	______
ἅμα	______	ὅτε	______
ἅτε + Part.	______	πέμπω	______
αὐτίκα	______	πράττω	______
βάλλω	______	συγχωρέω	______
βλέπω	______	σῶμα	______
γυνή	______	ὑπό + Gen.	______
διό	______	φονεύω	______
μέντοι	______	χαλεπός	______

von, unter · weil
fromm, heilig
hassen · schwierig, unangenehm
deswegen, deshalb
erlauben, vereinbaren
Frau · zugleich
freilich, jedoch
werfen, treffen
als, wenn · sofort
sehen, schauen
melden · töten
Körper

F 2 Der unbekannte Aorist

Deine Freundin/dein Freund war in der Stunde, in der ihr den Aorist kennengelernt habt, nicht anwesend. Erkläre ihr/ihm strukturiert, was sie/er wissen muss. Folgendes solltest du erklären: Augment, Konjugation, Aspekte.

F 3 Zerlege

Eine große Hilfe für das Erkennen von Formen ist es, wenn du sie in ihre Bestandteile zerlegen kannst, z. B.:

ἐ-	φονευ-	σα-	ν
Augment	Wortstamm	Aoristkennzeichen	Endung 3. Plural

Trainiere an folgenden Formen.

a Zerlege die Formen in ihre Bestandteile.
b Ordne sie dem richtigen Tempus (Präsens oder Aorist) zu.

διαφέρεις · πέμπουσιν (2) · ἥδεται · φαίνοντες · γιγνομένους · ἤκουσα · ἐδούλευσε · λῦσαι
δακρύσαντι · κωλυσάσης · ἴσχυσαν (2) · ἐμνημονεύσατε · ἐτελεύτησας

______	______	______
______	______	______
______	______	______
______	______	______
______	______	______

F 4 Noch Fragen?

Dekliniere das Interrogativpronomen.

	Singular		Plural	
	m / f	n	m / f	n
Nom	τίς	τί		
Gen.				
Dat.				
Akk.				

S 5 Auf den Aspekt kommt es an

a Übersetze den folgenden Text zunächst nur im Kopf.

b Bestimme, welchen Aspekt die Aoristformen zum Ausdruck bringen.

c Überlege, wie du diese Aspekte im Deutschen am besten zum Ausdruck bringst, und schreibe nun die Übersetzung des Textes auf.

Τρίτων πρὸς τὰς Νηρηίδας ἥκει, ὅτι αὐταῖς τάδε λέγειν ἠθέλησεν· „Τὸ κῆτος (Meeresungeheuer) ὑμῶν οὐ τὴν παῖδα ἠδίκησεν, ἀλλ᾽ αὐτὸ ἐτελεύτησεν.“ Αἱ δὲ Νηρηίδες ταῦτα ἀκούσασαι ἐδάκρυσαν.

Triton, griechischer Meeresgott (o. J.)

W 6 Paarbildung

a Stelle die Formen des Aktivs und Mediums/Passivs zusammen, die in der gleichen Person und im gleichen Numerus stehen.

b Gib die deutsche Bedeutung der Lexikonform an.

c Benenne die „Kuckuckseier“ und gib deren Bedeutung an.

γιγνώσκειν ____________

εἶ ____________

ἐθέλει ____________

θάπτετε ____________

εἰ ____________

φέρουσιν (2) ____________

ἐλαύνομεν ____________

ἄγε ____________

πείθεσθαι · βούλεται
πυνθάνου
ἀποκρίνονται
γιγνόμεθα · ἔρχεσθε
ἄρχη · σοῦ
ὀργιζομένοις

V 1 Gegen den Wind

a Ein Windstoß hat die Vokabelkarten völlig durcheinander gebracht. Ordne den griechischen Wörtern die deutsche Bedeutung zu.

b Zwei deutsche Vokabelkarten sind verschwunden. Trage auf den leeren Karten die deutsche Bedeutung ein.

ἀπό + Gen. | mit | εἴτε … εἴτε | von … her, seit | μάχομαι | ob … oder

Gesetz, Brauch, Sitte | ὁ νόμος | schließlich, endlich | μετά + Gen. | alt | τέλος

πράττω | sich beeilen, sich ernsthaft bemühen | hin-, herangehen | προσέρχομαι

ἐνταῦθα | ______ | σπουδάζω | tun, handeln | βασιλεύω

παλαιός | kämpfen | ______

F 2 Wechsle den Numerus

Bilde von folgenden Personalpronomen den jeweils anderen Numerus:

ἐγώ	σοί	ἐμέ	ὑμῶν	ἡμῖν	ἡμᾶς	ὑμεῖς

F 3 Meins!?

Setze vor das Substantiv den Artikel und die entsprechende Form des Possessivpronomens ἐμός. Beachte, dass der Akut zum Gravis wird, wenn ein Wort folgt.

______ ἄντρον ______ ληστῇ ______ δεσμοί

______ εἰκόνα ______ σώματα ______ γυναικός

______ νεανίας ______ ἔρωτα

______ νόμους ______ φύλακες

F 4 Nenne die Regel

Oft ist es besser, nicht Einzelfälle auswendig zu lernen, sondern die Regel zu kennen und anzuwenden.

a Nenne die Buchstabengruppen im Griechischen, die zu den Gutturalen, Labialen und Dentalen zählen.

b Nenne die Veränderung, die sich bei Guttural-, Labial- und Dentalstämmen im Aorist ergibt.

c Bilde auf dieser Grundlage den Aorist von folgenden Verben:

βλάπτω	ὀνομάζω	στρέφω	βλέπω	πράττω	θαυμάζω

F 5 Paarbildung

Verbinde die Aoristformen mit den entsprechenden des Präsens.

ἔφρασε · κρύψας · πλευσάσης · ἐπράξαμεν · καῦσαι · ἐκράτησαν · ὥρμησας · τελευτήσαντι

ἄγεις · βασιλευούσης · μνημονεύοντι · πιστεύομεν · ἀπαλλάττειν · βλάπτει · οἰμώζουσιν · σπουδάζων

W 6 Odysseus und der Kyklop

Präpositionen sind nicht immer leicht zu behalten. Eine Merkhilfe können Bilder sein.

a Ordne die griechischen Präpositionen dem passenden Bild zu. Es können auch mehrere Präpositionen sein.
b Gib die deutsche Bedeutung der Präposition an.
c Zeichne Bilder zu weiteren Präpositionen.

ἐν + Dat. · πρός + Akk. · περί + Gen.
εἰς + Akk. · διά + Gen. · ὑπό + Gen.
μετά + Gen. · παρά + Dat. · ἐπί + Akk.
ἀντί + Gen. · περί + Dat./Akk.
κατά + Akk. · σύν + Dat. · ἀπό + Gen.
παρά + Akk.

1

2

3

4

13

V 1 Verbvariationen

a Bestimme die nebenstehenden Verbformen.
b Nenne die Lexikonform und gib die deutsche Bedeutung an.
c Gib die Regel für die Bildung des Aorists bei den Verba muta an.

εὑρίσκουσα · ἐφράσατο · ἡγήσαντο
ἐδέξασθε · μερισαμένη
μαντεύσαντες · ἐργαζομένῳ · ηὐξάμην
ἔσωσα · ἔβλεψας · στρέψας

F 2 Modusfische

Jeder Aktiv-Fisch hat unter den Medium-Fischen einen Bruder, dem er natürlich ähnelt. Finde heraus, welchen.

ἐκέλευσεν · ἐνομίσαμεν · νομίσας · ἐνόμισαν · ἔπραξα · φονεύσαντας · ἐβλάψατε · ἐνόμισας · νόμισον · φονεῦσαι · καλύψατε

εὐξαμένους · ηὔξαντο · ἐπραξάμεθα · φράσασθαι · ἐφράσω · δέξασθε · ἐδέξασθε · ἐδέξατο · ἡγησάμην · μαντευσάμενος · μάντευσαι

F 3 Triathlon der Verben

In einem Triathlon muss man drei Aufgaben direkt nacheinander lösen. Hier die drei Disziplinen:

Drei Läufer, attische Vasenmalerei (540 v. Chr.)

1. Übersetze die Formen mit Personalendung.
2. Übersetze die Imperative.
3. Bestimme die Formen der Infinitive und Partizipien.

	1	2	3
a	ἐμαντεύσασθε πράττομεν μαντεύεται	μαντεύου πράξατε	μαντεύσασθαι πρᾶξαι μαντευσαμένῳ
b	πράττει ἔπραξας μαντεύῃ	πρᾶξον μαντεύεσθε	μαντευομένου πράττουσιν πράττειν
c	μαντεύονται ἐπράξατε ἐμαντεύσατο	μάντευσαι πράττετε	μαντεύεσθαι πράξασιν μαντευομένην

S 4 Wenn das Wörtchen „wenn" nicht wäre ...

Hermes wundert sich darüber, dass Apollon die Frage gestellt hat, wie Polydeukes und Kastor auseinandergehalten werden können. Dieser erwidert:

Α· Εἰ ἐνόμισα τὰ πρόσωπα διαφέρειν, οὐκ ἂν ἠρόμην (fragen, Aor.). Ἀλλὰ ἡγησάμην ἴσα αὐτά.
Ε· Καὶ ἐγὼ ἡγησάμην ἂν ἴσα αὐτά, εἰ Πολυδεύκης μὴ ἐδέξατο τὰ τραύματα ἐπὶ τοῦ προσώπου. Εἰ δὲ ταῦτα ἔβλεψα, οἷός τέ εἰμι ὀνομάσαι τὰ τῶν ἀδελφῶν ὀνόματα.

a Gib die Benennung der Konditionalsätze an.

b Übersetze den Text.

W/S 5 Λόγος

Καὶ λαλέοντος[1] ἄκουσε[2] λόγου καὶ πέφραδεν[3] αὐτὸς
πρῶτος Ἰωάννης, ὡς[4] Θεὸς ἦν[5] ὁ λόγος.

Anthologia Graeca, 81 (Beckby)

a Übersetze die Verse.
b Erläutere, was in dem Text unter λόγος verstanden wird, und vergleiche mit 6 W.

[1] λαλέω sprechen
[2] ἄκουσε = ἤκουσε (häufiges Fehlen des Augments in der Dichtung)
[3] πέφραδεν Perfektform; übersetze wie: ἔφρασεν
[4] ὡς *hier:* dass
[5] ἦν 3. Sg. Imperfekt von εἰμί

W 6 Billardtisch

a Bringe nur Formen der 3. Deklination in die passenden Löcher.
b Einige Kugeln passen auch in mehrere Löcher. Welche sind das?
c Nenne zu jedem Wort die Lexikonform und gib die deutsche Bedeutung an.

V 1 Ἄνθεα λόγων: Wortblumen

Gesucht ist jeweils die Bedeutung der Lexikonform, die du auf die Blätter von außen zum Kern hin schreibst. Die Zahl in Klammern sagt dir, wie viele Buchstaben du eintragen musst.

1 διαφθείρω (8)
2 ἔμεινα (6)
3 ἀπεκρινάμην (7)
4 διαφεύγω (8)
5 ἦρα (7)
6 ῥίπτω (4)
7 δέχομαι (6)

1 ὁ ἀνήρ (3)
2 φοβέομαι (7)
3 ὁ θυμός (3)
4 ἁθρόος (7)
5 ἀποκτείνω (4)
6 αἰσχρός (5)
7 τὸ σημεῖον (6)

V 2 Gefühle

a Schreibe die Wörter heraus, die für dich dem Wortfeld „Gefühle“ angehören, und übersetze sie.

b Ermittle das weitere Wortfeld, sammle die dazu gehörigen Wörter und übersetze sie. (Bedenke: Viele Wörter können durchaus verschiedenen Wortfeldern angehören.)

ὀνομάζω · πολέμιος · ἀνδρεία · φίλος · βλέπω · μέμφομαι · εὐφραίνω · μαίνομαι · φεύγω
φοβέομαι · θυμός · μάχομαι · ἀρετή · μάχη · ἀποκτείνω · δόρυ

F 3 Sei schlau und schau auf die Endung

Ordne die folgenden Substantivformen in die Tabelle ein. Aber pass auf: Eine Form ist zweideutig.

	Singular	Plural
Nom.		
Gen.		
Dat.		
Akk.		

νόσων · ἀνδρί · φύσιν · θῆρας · θανάτου · δόρασιν · χείρ · δυνάμεις

F/V 4 Trojaner auf der Flucht

a Finde im Wortgitter die versteckten griechischen Textbestandteile (Spiritus und Akzente weisen den Weg).

b Ordne sie der passenden Übersetzung zu.

κ λ ω σ ε ο ρ υ φ δ ι έ φ ϑ ε ι ρ α ν ς κ ς δ ῃ δ α λ ι

ς δ φ ς δ φ ς δ ς δ ς φ ς δ φ ς δ φ ε α φ κ ι ϑ ω ν

π η ρ ἡ μ ῶ ν φ ε υ γ ό ν τ ω ν ω ε ρ ς ι ο ν ε υ ε ρ

ς ε ἐ μ έ μ ψ ω ε δ ς ν λ α ξ μ ι μ ν ῄ σ κ ῃ δ ς λ ε ε

χ ε ω ϑ χ β γ υ ν α ῖ κ ε ς ϑ ρ ζ η δ χ ω ς ω α ι ν α

ἡ μ ῶ ν ε ὐ χ ο μ έ ν ω ν δ ς α ἱ ω μ μ α ϑ ϑ α ι ο ς

ς δ φ σ ἀ π ε κ ρ ι ν ά μ η ν δ ι κ ι ι ω γ ι λ ε ω ν ω

ο ἱ π α ῖ δ ε ς α φ ο κ δ ρ ς τ υ η κ κ μ κ ω ρ ε υ ς

α ϑ ε μ ο ε β ο δ δ ο ο φ ο β έ ο ν τ α ι δ ς α γ α ν

λ ι ε β ε ς κ κ α ὶ ι ν δ λ ε ρ ν ε δ ν δ α ς ε ν δ ε τ ο τ

__________________________ *auf unserer Flucht beklagtest du dich*

__________________________ *ich antwortete*

__________________________ *haben vernichtet*

__________________________ *auch wenn wir beten, fürchten die Frauen und Kinder sich*

__________________________ *du erinnerst dich*

S 5 Satzbildung

Bilde aus den deutschen Bestandteilen vier vollständige deutsche Sätze und schreibe die Kennziffern (K) der griechischen Teilsätze dahinter. Gib eine Begründung, wenn zu einem griechischen Teilsatz zwei Übersetzungen passen.

K 1: Ἐπεὶ ἄγγελος (ὁ ἄγγελος der Bote) τὴν τοῦ Ἀλεξάνδρου νόσον ἤγγειλεν,

K 2: Ἀγγέλου (ὁ ἄγγελος der Bote) τὴν τοῦ Ἀλεξάνδρου νόσον ἀγγείλαντος,

K 3: Ἐκ τῆς τοῦ Ἀλεξάνδρου νόσου

K 4: πάντες οἱ στρατιῶται ηὔξαντο πρὸς τοὺς θεούς.

a) ___ beteten alle Soldaten zu den Göttern.

b) Aufgrund der Krankheit Alexanders ___ .

c) Ein Bote meldete Alexanders Krankheit ___.

d) Als ein Bote Alexanders Krankheit gemeldet hatte, ___ .

e) Darauf beteten alle Soldaten zu den Göttern ___.

W 6 Eine Kurzaussage: Das Partizip

Erstelle mithilfe deiner Grammatik einen Spickzettel, auf den du in einem knappen Überblick schreibst, was du über Formen und Übersetzung des Partizips noch nicht ganz sicher weißt.

15

V 1 Ableiten

Du hast in Lektion 12 einiges über die Wortbildungslehre erfahren. Vertiefe deine Kompetenzen.

a Stelle mithilfe des Vokabulars der Lektionen 11–15 sowie S. 63 im Lehrbuch Wörter zusammen (griechisch und deutsch), die aus mehreren Bestandteilen bestehen. Liste nur die Wörter auf, in denen du mindestens einen Bestandteil schon gelernt hast.

b Stelle mithilfe des Vokabulars des Lehrbuches die Wortbestandteile zusammen (griechisch und deutsch).

c Ermittle die Grundbedeutung folgender dir noch unbekannter Wörter. Beschreibe dabei kurz, welche Gesetzmäßigkeiten der Wortbildungslehre du angewandt hast.

συνέρχομαι ______________________ διαχωρέω ______________________

ἀνέρχομαι ______________________ ἄπιστος ______________________

F 2 Zerlege

a Weise die Formen den Verba vocalia, muta und liquida zu und gib die Lexikonform mit der deutschen Bedeutung an.

b Zerlege die Formen in ihre Bestandteile.

c Bestimme die Formen, indem du erläuterst, was du aus jedem Bestandteil für die Bestimmung ableiten kannst.

ἐδέξατο · ἐμαντεύσαντο · μέμφῃ · ἤγγειλαν · ἀπέκτεινε · διαφεύγεις · ἔμεινας · ἤρξατε
θαυμάσας · αἰσθάνεται · ἔβλεψα · ἀγγέλλουσιν

F 3 Deklination der Liquida

Stelle aus den Formen die Deklination der Liquidastämme zusammen. Aber Vorsicht – nicht alle Formen sind Liquida.

	Singular	Plural
Nom.		
Gen.		
Dat.		
Akk.		

ἀνδρός θάνατος

θηρσίν ἄνδρα θήρ

ἄνδρας θηρῶν

ἀνδρί θῆρες

F 4 Deklination: die ι-Stämme

In welchen Formen weichen die ι-Stämme von den Endungen der 3. Deklination ab, wie du sie bisher kennengelernt hast?

F 5 Pronomen

a Wodurch unterscheidet sich das Interrogativ- vom Indefinitpronomen?

b Dekliniere das Personalpronomen in der 1. Person.

c Wodurch unterscheiden sich die Personalpronomen der 1. und 2. Person?

S 6 Aspekte

Der Aorist ist im Griechischen keine Zeitstufe, sondern drückt einen Aspekt aus.

a Welche Aspekte kann ein Aorist ausdrücken?

b Finde für jeden Aspekt mindestens ein Beispiel aus 11L, Z. 11–17 bzw. 12L, Z. 6–17.

S 7 Polyphem und Odysseus

a Bestimme den Genitivus absolutus und erläutere, wie man ihn übersetzt.

b Schreibe den Akkusativus Graecus heraus.

c Übersetze den Text.

Ἐπεὶ Πολύφημος τοὺς τοῦ Ὀδυσσέως ἄνδρας ἀπέκτεινεν, ὁ Ὀδυσσεὺς τὸν κύκλωπα τυφλὸν (blind) τὸ ὄμμα (Auge) ἐποίησεν. Τῶν δ᾽ ἀνθρώπων ἐκ τοῦ ἄντρου ἀπαλλαξαμένων Πολύφημος πρὸς τὸν πατέρα ηὔξατο˙ „Ἐκεῖνος ὁ Ὀδυσσεὺς ἔβλαψέ με˙ βούλομαι οὖν, ὅτι σὺ αὐτὸν τιμωρέεις (τιμωρέω + Akk. sich rächen an).“

Blendung des Polyphem (3. Jh. n. Chr.)

16

V 1 Vokabelmemory

Kontrolliere, ob das Vokabelmemory aufgeht.

ἀληθῶς	mehr	ἀποκτείνω	beide	δέχομαι	Natur	ἐκεῖ	vernünftig, klug	αὖ
aufhören mit	ἡ φύσις	töten	μνημονεύω	wieder	μόνον	klein, wenig	δύναμις	
wirklich	χρή	nur	μικρός	noch	ἔτι	Macht, Kraft, Fähigkeit	bei	ἄμφω
παύομαι	an-, aufnehmen	φρόνιμος	sich erinnern	παρά + Dat.	es ist nötig, man soll			
sich kümmern um	εὐδαίμων	glücklich, wohlhabend	μᾶλλον	dort	ἐπιμελέομαι			

V 2 Verschaffe dir Überblick

Schreibe mithilfe des Lehrbuches aus den Lektionen 4–16 alle ε-Contracta auf (am besten auf Karteikarten: Vorderseite griechisch, Rückseite deutsch) und wiederhole sie.

F 3 Sortiere

a Sortiere die Formen in die Tabelle. Doch Vorsicht: Es gehören nicht alle Formen in die Tabelle.
b Gib von den Formen, die du nicht einsortieren kannst, die deutsche Bedeutung der Lexikonform an.

	Positiv	Komparativ	Superlativ
Nom.			
Gen.			
Dat.			
Akk.			

ἀρίστῳ · φρονίμους · πιστοτέρων · λοιποτάτας · καθαρωτέρῳ · ἀγαθῶν · νίκη · μικρά · εὐδαιμονεστάτη · δεινοτέρου · ἤγγειλα · χρησιμώτερα

F 4 Schaffe Ordnung

Füge folgende Formen der ε-Contracta in die Tabelle ein:

	Aktiv		Medium	
	Sg.	Pl.	Sg.	Pl.
1. P.				
2. P.				
3. P.				
Imp.				
Inf.				
Part.				

συγχωρεῖς · δεῖται
βοηθοῦντα
δοκεῖ · ποιοῦμεν
φοβεῖσθε (2)
ἀμελουμένη · λύπει
ἡγοῦ · φοβεῖσθαι
θεωρεῖτε (2)
ἐπιμελεῖν · ἡγῇ

S 5 Sokrates spricht

1. Μᾶλλον τῶν ἄλλων ἀνθρώπων ἐπιμελοῦμαι τῆς ψυχῆς.

2. Λέγω δὲ τάδε· Γίγνεσθε ὡς ἄριστοι καὶ φρονιμώτατοι.

3. Γιγνώσκετε οὖν, ὅτι πολλοὶ ὑμᾶς ποιοῦσιν εὐδαιμονεστέρους τῶν ἄλλων δοκεῖν εἶναι.

4. Ἐγὼ δ' οὐδὲν ἄλλο πράττω ἢ τὴν μεγίστην εὐεργεσίαν εὐεργετεῖν ὑμῖν.

5. Πείθω δὴ καὶ νεωτέρους καὶ πρεσβυτέρους μήτε σωμάτων ἐπιμελεῖσθαι μήτε χρημάτων.

a Übersetze den Text.

b Schreibe folgende Abkürzungen unter die entsprechenden Wörter: Komp. (Komparativ), Sup. (Superlativ), Gen. comp. (Genitivus comparationis bzw. des Vergleichs), Gen. Obj. (Genitivobjekt).

Sokrates im Gespräch mit seinen Schülern, arabische Miniatur (13. Jh.)

W 6 Ohne Aorist geht nichts

a Ordne folgende Formen nach Aktiv und Medium.

b Gib die Lexikonform und die gelernten deutschen Bedeutungen an.

c Bestimme die Formen.

ἔπληξας · ἐπαύσατο · ἤγγειλε · ἐποίησαν · διεφθείραμεν · ἐλυπήσαντο · ἐφράσου · φήνας · ἡγησαμένῳ · ἐδέξασθε · ἀποκτείναντα · εἰργασάμεθα · μάντευσαι

Aktiv

Medium

V 1 Vokabelblumen

Gesucht ist jeweils die Bedeutung der Lexikonform, die du auf die Blätter von außen zum Kern hin schreibst. Die Zahl in Klammern sagt dir, wie viele Buchstaben du eintragen musst.

1 σκοπέω (8)
2 ὑπισχνέομαι (9)
3 ἀφικνέομαι (6)
4 καταφρονέω (7)
5 θεωρέω (7)
6 πίπτω (4)

1 λαμπρός (6)
2 πολλάκις (2)
3 φιλία (11)
4 ὡς + Superl. (8)
5 δόλος (3)

F 2 Erkläre

a Erkläre kurz, wie die Formen des Imperfekts gebildet werden.

b Auch für den Irrealis hat man im Griechischen das Imperfekt verwendet. Erläutere, wie der Irrealis der Gegenwart und Vergangenheit gebildet wird.

F 3 Einordnen

Ordne die Imperfektformen in die Tabelle ein. Achtung: Es passen nicht alle Formen.

	Singular	Plural
1. Pers.		
2. Pers.		
3. Pers.		

ἐσκόπουν · μᾶλλον · εἴχετε
ἐμνημόνευσαν · ἦσαν
ἀμελοῦμεν · ἦρχε · ἀρετήν
ἦν · ἦρξε · ἦγες

S 4 Aspekte

Du hast bisher drei Tempora (Präsens, Aorist und Imperfekt) kennengelernt. Die Aspekte lassen sich folgendermaßen zusammenfassen:

Aspekte des Präsens: Zeitlosigkeit, Dauer (durativ), Wiederkehr (iterativ)
Aspekte des Imperfekts: Dauer (durativ), Wiederkehr (iterativ), manchmal auch Versuch (konativ)
Aspekte des Aorists: Anfang (ingressiv), Ende (effektiv, meistens als Erzähltempus narrativ), manchmal auch Zeitlosigkeit (gnomisch; für Beispiele schlage in deiner Grammatik nach)

Auch wenn du viele Vokabeln und Formen der folgenden Fabel noch nicht kennst, kannst du den farbig gekennzeichneten Formen den jeweils zutreffenden Aspekt zuordnen. Benutze dabei nach Möglichkeit die lateinischen Fachbegriffe (durativer Aspekt usw.).

Freunde für alle Zeiten?

Δύο φίλοι τὴν αὐτὴν ὁδὸν ἐβάδιζον.
Ἄρκτου δὲ αὐτοῖς ἐπιφανείσης,
ὁ μὲν εἷς φθάσας ἀνέβη
ἐπί τι δένδρον
καὶ ἐνταῦθα ἐκρύπτετο·
ὁ δὲ ἕτερος πεσὼν
ἑαυτὸν νεκρὸν προσεποιεῖτο.
Τῆς δὲ ἄρκτου
προσενεγκούσης αὐτῷ τὸ ῥύγχος καὶ
περιοσφραινομένης,
τὰς ἀναπνοὰς συνεῖχε· φασὶ γὰρ
νεκροῦ μὴ ἅπτεσθαι τὸ ζῷον.
Ἀπαλλαγείσης δέ,
ὁ ἀπὸ τοῦ δένδρου καταβὰς
ἐπυνθάνετο τοῦ ἑτέρου,
τί ἡ ἄρκτος πρὸς τὸ οὖς εἰρήκει.
Ὁ δὲ εἶπε, τοῦ λοιποῦ
τοιούτοις μὴ συνοδοιπορεῖν φίλοις,
οἳ ἐν κινδύνοις οὐ παραμένουσιν.

Zwei Freunde gingen denselben Weg.
Als sich ihnen eine Bärin zeigte,
kletterte der eine schnell
einen Baum hinauf
und hielt sich dort versteckt.
Der andere ließ sich fallen
und stellte sich tot.
Als die Bärin aber begann,
mit ihrer Schnauze an ihn heranzukommen und
nun an ihm schnüffelte,
hielt er den Atem an; sie sagen ja,
dass ein Tier etwas Totes nicht berührt.
Nachdem sie sich jedoch wieder entfernt hatte,
stieg der von dem Baum herunter
und fragte den anderen immer wieder,
was die Bärin ihm denn ins Ohr gesagt habe.
Der aber sagte, „dass er in Zukunft nicht
mit solchen Freunden zusammen gehen solle,
die in Gefahren nicht bei ihm blieben“.

Aesop 311 (Halm), leicht gekürzt

W5 Pronomen

a Fülle die Tabelle mit den entsprechenden Personalpronomen aus.

	1. Person		2. Person		3. Person	
	Sg.	Pl.	Sg.	Pl.	Sg.	Pl.
Nom.						
Gen.						
Dat.						
Akk.						

b Nenne alle drei Genera des Possessivpronomens der 1. und 2. Person (nur Nominativ).

18

V 1 Spinnennetz

Setze die deutsche Bedeutung der griechischen Wörter im Uhrzeigersinn in das Spinnennetz ein – alle enden auf -en. Achte dabei auf den Numerus. Die Zahl in Klammern sagt dir, wie viele Buchstaben du eintragen musst.

1 διά + Akk. (3)	5 ὑπακούω (7)	9 σκοπέω (8)
2 τυγχάνω (6)	6 οἱ κράτιστοι (7)	10 στόλοι (5)
3 εὐδόκιμος (7)	7 ἀσκέω (5)	11 κοσμέω (7)
4 ἀνέχομαι (7)	8 πόνοι (6)	12 ἡγέομαι (5)

V 2 Bedeutungen erschließen

Oft kann man die Bedeutung von unbekannten Wörtern aus bekannten erschließen:

a Zerlege die folgenden Vokabeln und gib deren Bedeutung sowie die Bedeutung der Bestandteile an.

φιλοσοφέω ______________________ προσέρχομαι ______________________

εὐδόκιμος ______________________ συγγίγνομαι ______________________

διαφεύγω ______________________ προσχωρέω ______________________

ἀθανασία ______________________

b Erschließe die Grundbedeutung der folgenden Wörter mithilfe deiner Lösung zu a:

ἡ φυγή ______________________ ἡ εὐδοξία ______________________

ἡ εὐθανασία ______________________ ἡ ἀδοξία ______________________

F 3 Beziehung ist alles

Gib zu folgenden Substantiven die Formen der Relativa ὅς und ὅστις an.

ἡγεμόνες ______________________ πατρίδι ______________________

δοξῶν ______________________ εὐεργέτης ______________________

Ἑλλήνων ______________________ δυνάμει ______________________

συνέσεως ______________________ θῆρας ______________________

πατράσιν ______________________

S 4 Die Rede des Kallias

Ὦ Σώκρατες, ὅτε συνῆσθά[1] μοι καὶ τοῖς ἄλλοις φίλοις, οἵ σοι εἵποντο, περὶ πολλῶν ἔλεγες, ἅτινα τῇ ἀρετῇ προσήκει[2]. Πλεῖστα δὲ ἔλεγες περὶ τούτων τῶν ἀνθρώπων, οὓς ἡγοῦ τῇ ἀρετῇ τούς τε φιλοὺς καὶ τὴν πατρίδα εὖ ποιεῖν. Εἰ γὰρ προθυμούμεθα τούσδε μιμεῖσθαι (μιμέομαι nachahmen), ἡμᾶς σκοπεῖν μὲν τὸν Θεμιστοκλέα δεῖ, ὃς τὴν Ἑλλάδα ἐλευθέραν ἐποίησεν, σκοπεῖν δὲ τὸν Περικλέα, ὑφ᾽ οὗ ἡ πόλις μεγίστη τε καὶ λαμπροτάτη ἦν, σκοπεῖν δὲ καὶ τὸν Σόλωνα, ᾧ οἱ Ἀθηναῖοι τὴν διαλλαγὴν (ἡ διαλλαγή Versöhnung) τῶν πολιτῶν ἐπέτρεψαν (ἐπιτρέπω anvertrauen).

[1] συνῆσθα (Imperf. zu σύνειμι) m. Dat. zusammen sein mit; verkehren mit

[2] προσήκει τινι es gehört sich für jemanden, es kommt jemandem zu

a Schreibe alle Relativpronomen heraus und bestimme sie.

b Gib die Beziehungswörter aller Relativpronomen an.

______________________ ______________________

______________________ ______________________

______________________ ______________________

c Übersetze den Text.

W 5 Veränderungen

Die Formen der Liquida sind von Veränderungen des Stammes bestimmt. Bestimme, ob die Wörter dekliniert oder konjugiert werden, und ordne die Wörter an die passende Stelle der Tabelle ein.

	Singular	Plural
Nom.		
Gen.		
Dat.		
Akk.		

	Singular	Plural
1. P.		
2. P.		
3. P.		
Inf.		
Part.		

ἤγγειλα · πατέρα · διαφθείρας · φῆναι · χειρί · ἀπέκτειναν · θηρός · ἀποκρινάμενος

V 1 Kreuzworträtsel

Trage die deutsche Bedeutung in das Kreuzworträtsel ein.

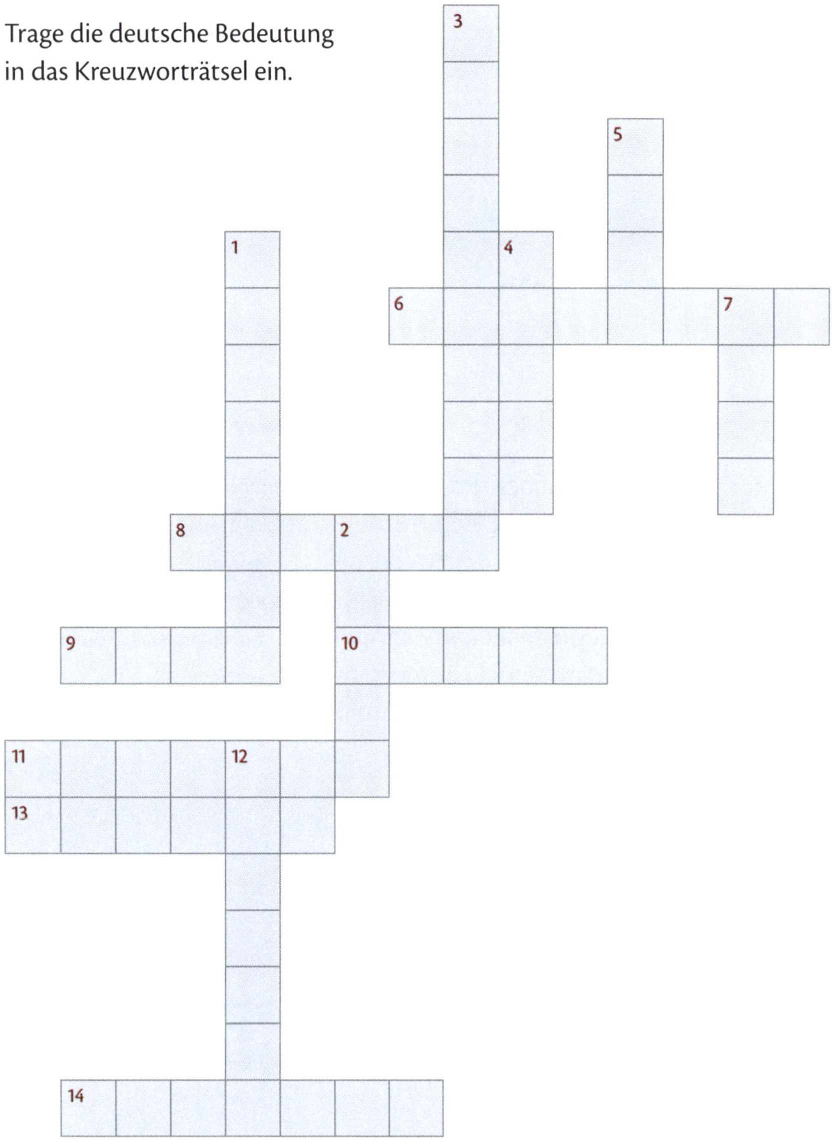

senkrecht:
1 ὦμος
2 ἐπαινέω
3 ἴσως
4 στέφανος
5 εἶτα
7 ἆρα μή
12 δίκαιος

waagerecht:
6 χείρων
8 ἀθλητής
9 δῆλος
10 πρίν
11 φέρω
13 ἐλπίζω
14 ἐξ οὗ

F 2 Immer mehr

a Ordne folgende Formen – sofern möglich – einer Steigerungsstufe zu.
b Nenne nach Möglichkeit den Positiv im Nom. Sg. und gib dessen deutsche Bedeutung an.
c Bestimme die Wörter, die nicht zu einer Steigerung gehören.

μείζω · βίους · εὐδοκίμους
πλεῖστοι · κρείττους · πλήθους
κρίνω · χείρονος · στέφανος
λυπηρῶν · κρατίστας
ἐλευθερωτέρου · καρτερῷ

Positiv	Komparativ	Superlativ	Weitere Wörter

F 3 Regelmäßige Unregelmäßige

Zu der Steigerung auf -(ι)ων, -(ι)ον; -(ι)στος gehören auch die Wörter mit einer sogenannten unregelmäßigen Steigerung. Verschaffe dir einen Überblick, indem du folgende Wörter steigerst:

μέγας ______________________ ______________________

ἀγαθός ______________________ ______________________

F 4 Stelle zusammen

Gib einen Überblick, was man bei der Steigerung beachten muss; benutze dabei als Beispiele in b und c Formen von ἀγαθός:

a Woran erkennt man Steigerungsformen? Nach welchen Deklinationen richten sie sich?

b Welche Formen weichen von den gewohnten Formen der 3. Deklination ab?

c Woran erkennt man, wie die Steigerungsformen im Deutschen übersetzt werden müssen?

W 5 Lernen in Reihen: Korrelativa

Es gibt Reihen von Vokabeln, die zusammengehören.

a Übersetze die Vokabeln.

ποῖος ______________________ πόσος ______________________

ὅδε ______________________ ὅς ______________________

ὅστις ______________________ τίς ______________________

τοιοῦτος ______________________ τοσοῦτος ______________________

b Stelle aus diesen Vokabeln Reihen zusammen und trage sie in die Tabelle ein.

demonstrativ	relativ	interrogativ

c Beschreibe kurz die Bildegesetze von ὅδε, ὅστις, τοιοῦτος und τοσοῦτος.

______________________ ______________________

______________________ ______________________

VF 1 Lernbegleiter

5817-01 T Mittlerweile hast du viele Vokabeln und Formen gelernt. Diese kannst du wieder vergessen oder verwechseln, wenn du sie nicht regelmäßig wiederholst. Eine effektive Art dafür ist der Lernbegleiter, den du herunterladen kannst, um ihn sofort einzusetzen. Mit ihm werden dir die Vokabeln bzw. die Formen bewusst, die du nicht mehr beherrschst. Du trägst in den Lernbegleiter das ein, was dir in den Übersetzungstexten oder Übungen unbekannt zu sein scheint. Dann lernst du es erneut und wiederholst das Gelernte zunächst in kürzeren Abständen (vielleicht ein paar Stunden), später in längeren (mehrere Tage). Am Ende solltest du das meiste beherrschen, wenn du ihn über einen längeren Zeitraum konsequent einsetzt. Probiere es aus!

F 2 Tempora

a Erläutere knapp, wie man Futur, Imperfekt und Aorist bildet. Berücksichtige auch die verschiedenen Verbstämme, die du bisher kennengelernt hast.

b Nur das Futur bezeichnet im Griechischen eine reine Zeitstufe. Die anderen Tempora drücken eher Aspekte aus. Stelle in einer Tabelle die jeweils drei wichtigsten Aspekte zusammen, welche Präsens, Imperfekt und Aorist ausdrücken können.

F 3 Zeitstufen

a Ordne die Formen der passenden Zeitstufe zu.

b Gib an, zu welcher Verbalklasse (Verba vocalia, muta, liquida) sie gehören.

c Gib an, woran du die Zugehörigkeit zu dem jeweiligen Tempus erkennst.

d Gib die deutsche Bedeutung der Lexikonform an.

τιμωρήσεις · ἀμύνουσιν · βλάψει · ἤρξαντο · ἁρπάσας · ἐδίωκε
ἀπέτρεψας · ἐλπίσομεν · ἐπαινεῖ · φέρων · φιλοσοφήσασα
ἀνέχεσθε · προθυμήσονται · ὑπήκουες · ἐκρίνατε · ἐσκόπουν

F 4 Steigerung

Vervollständige die Tabelle mit den entsprechenden Formen.

Positiv	Komparativ	Superlativ
δεινούς		
		μέγιστοι
	νεωτέρῳ	
		κρατίστων
εὐδαίμονες		
		σωφρονεστάτοις

VF 5 Paarbildung

a Gib an, worin Relativpronomen und Beziehungswort übereinstimmen.

b Ordne den Substantiven die passenden Relativpronomen zu.

δόλου	νίκην	ἀνδράσι	συνουσιῶν	σταδίοις	δόρατι
ἥ	ἄστινας	ὅς	ἅ	ὅτι	οἵτινες

S 6 Konditionalsätze

Erläutere, wie man im Griechischen folgende Sätze bildet:

- Realis:
- Irrealis der Vergangenheit:
- Irrealis der Gegenwart:

S 7 Lob auf Athen

Οἱ μὲν Ἕλληνες τὰς Ἀθήνας ἔχειν θεάματα (Attraktionen) πλεῖστα καὶ κάλλιστα ἐνόμιζον, ἀγῶνες δὲ ἐν τῇ πάσῃ πόλει μείζονες ἦσαν. Διὰ δὲ τοῦτο τὸ πλῆθος τῶν ἀφικνουμένων τοσοῦτο ἦν, ὥστε αἱ Ἀθῆναι τῆς Ἑλλάδος παίδευσις (Bildungsstätte) ἐνομίζοντο. Ἐπεί γε (gerade weil) τοῦτο πολὺν χρόνον οὕτως εἶχε, καὶ φιλίας ποιήσασθαι πιστοτάτας καὶ συνουσίας παντοίας μάλιστα παρὰ τοῖς Ἀθηναίοις ἐξῆν (es war möglich).

a Wende die Konstruktionsmethode für die Erschließung des letzten Satzes (Z. 4–6) an.

b Benenne die Füllungsarten des letzten Satzes und trage sie, soweit möglich, ein:

Nebensatz

Prädikat	Subjekt	Objekt	Adverbiale

Hauptsatz

Prädikat	Subjekt	Objekt	Adverbiale

c Gib von den gesteigerten Formen den Positiv in derselben Form an.

d Übersetze den Text.

21

V 1 Rätselkamm

Übersetze die Vokabeln und trage sie senkrecht in die Zeilen ein. Der Lösungssatz, der sich aus den Buchstaben der rosa hinterlegten Felder ergibt, ist wichtig für dieses Buch – und vielleicht auch für dein Leben.

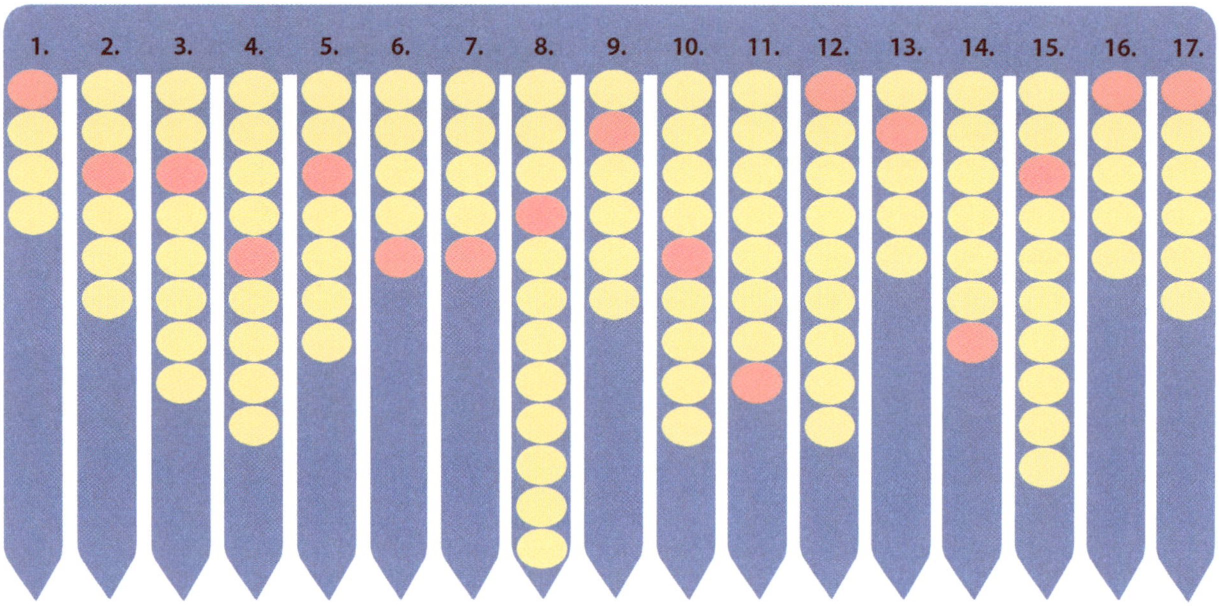

1 εἷς
2 φονεύς
3 τυγχάνω
4 τελέω
5 ὅμως
6 ὁράω
7 πρᾶγμα
8 πατρῷος
9 φιλέω
10 λογίζομαι
11 ἅμα
12 βλάπτω
13 σοφός
14 σώφρων
15 ἄφρων
16 φράζω
17 ἀνδρεῖος

Lösung: ______________________________

F 2 Erkläre und verstehe

Stell dir vor, du bist Lehrer: Heute musst du deinen Schülern erklären, was sie für das Erkennen und Übersetzen des Aorist II wissen müssen (Augment, Stamm, Endung).

F 3 Fülle aus

Trage die nebenstehenden Formen in die Tabelle ein.

	Singular	Plural
1. P.		
2. P.		
3. P.		
Partizip		
Infinitiv		

τυχόντες εἶπον
ἐλθοῦσαν εἶπε
ἤλθετε ἥμαρτες
θανεῖν θανόντα

S 4 Sterben ist schwer

Φέρης πρὸς Ἄδμητον εἶπεν· „Τὸ μὲν ἀποθνῄσκειν κακόν ἐστιν, χεῖρον δὲ τὸ ὑπερθνῄσκειν ἄλλου τινός, ὦ υἱέ· τὸ γὰρ ζῆν μικρόν, ἀλλ᾽ ὅμως γλυκύ (süß). Τῷ δὲ θανεῖν πάντα τὰ πράγματα φθίνει. Τούτων οὖν οὕτως ἐχόντων τῷ ἀνδρὶ κάλλιστόν ἐστιν ἐπιμελεῖσθαι τοῦ εὖ ζῆν.“

Alkestis und Admet, etruskische Vasenmalerei (4. Jh. v. Chr.)

a Schreibe alle substantivierten Infinitive heraus und bestimme die Formen.

b Schreibe jedes Adjektiv heraus und entscheide, ob es Positiv, Komparativ oder Superlativ ist.

c Übersetze den Text.

W 5 Durch die Zeiten

a Ordne folgende Verbformen einem Tempus zu.

b Bestimme sie, nenne die Lexikonform und gib die deutsche Bedeutung an.

ἐλθεῖν · ἔθανε · ἥμαρτον · ἀλγήσω · ὤφειλον · τυχόν · βήσεται
ἐτέλουν · δοκεῖ · ἔμεινας · ἤγγειλε · ἀμύνουσιν · βλάψουσιν

W 6 Aoristvariationen

Du hast bisher einige Möglichkeiten kennengelernt, den Aorist zu bilden.

Lege mithilfe deiner Grammatik eine Tabelle mit allen Bildungsvarianten des Aorists, die du kennst, an. Trage dann die folgenden Formen an der richtigen Stelle der Tabelle ein.

ἐτέλησα · ἤγγειλα · εἴπομεν · ὑπήκουσα · ἐλογίσατο · ἐτρέψατε · ἦρξαν

V 1 Erkenne das Wort

Oft kann man Vokabeln leicht ableiten, wenn man das Grundwort kennt und/oder es in Bestandteile zerlegen kann, z. B. bei ἀμαθία: ἀ-μαθ-ία = Un-wissen-heit. (Vgl. auch Lehrbuch, S. 63.)

Leite die Bedeutung folgender, bekannter Vokabeln von ihrer Wurzel bzw. ihren Bestandteilen ab:

τὸ κάλλος ______________________ ἡ ἀδελφή ______________________

ἀμαθής ______________________ ἡ θεά ______________________

ἡ βοή ______________________ σύμμαχος ______________________

δυστυχής ______________________ τὸ ἄλγος ______________________

ἡ τιμωρία ______________________

V 2 Wörter kennen, ohne zu lernen!

Erschließe mindestens eine Bedeutung folgender Wörter, die im Lehrbuch nicht vorkommen:

προβαίνω ______________ ἐξαιρέω ______________

ἀπαμύνω ______________ καταβαίνω ______________ ὁ πρόμαχος ______________

ἐξαρπάζω ______________ προπέμπω ______________ ἀπελαύνω ______________

ἐξάγω ______________ κατάγω ______________ περιβαίνω ______________

προοράω ______________ ἐκπίπτω ______________ ἀπορίπτω ______________

περιέρχομαι ______________ περισκοπέω ______________

ἐκστρέφω ______________ ἀποπλέω ______________ ἐκπλέω ______________

κατατρέχω ______________ προέρχομαι ______________

F 3 Beziehungsprobleme?!

Das Wort „Reflexivpronomen" klingt zunächst etwas ungewohnt. Aber wenn du dir bewusst machst, was es genau ist, wirst du dir den Fachbegriff auch leicht merken können. Verfasse einen Spickzettel zum Reflexivpronomen, auf dem Formen, Gebrauch und Übersetzung erklärt sind.

F 4 Aktiv oder Medium?

a Sortiere folgende Formen des Aorist II an der richtigen Stelle der Tabelle ein. Unterscheide dabei, ob es sich um eine aktive oder mediale Form handelt.

b Gib von allen Wörtern die Lexikonform und die deutsche Bedeutung an.

ἐσχόμην · ᾔσθου · ἐλάβομεν · ἠγάγοντο · εἶπον · ἐτυχόμεθα
ἡμάρτετε · ἀποθανεῖν · ἦλθες · ᾔσθεσθε · ἀγαγέσθαι

	Aktiv		Medium	
	Singular	Plural	Singular	Plural
1. P.				
2. P.				
3. P.				
Infinitiv				

F 5 Sortiere und erkenne

a Setze folgende Formen der σ-Stämme an die richtige Stelle der Tabelle.
b Gib die Kontraktionsregeln an, die bei den σ-Stämmen angewendet werden.
c Ein Wort fällt aus der Reihe. Woher kennst du seine Endung?

	Singular	Plural
Nom.		
Gen.		
Dat.		
Akk.		

κάλλους · ἀμαθεῖς
δυστυχέσιν
Σωκράτης · ἀληθεῖ
ἀλγῶν · Σωκράτην

W 6 Immer mehr

a Ordne folgende Formen – soweit möglich – der passenden Steigerungsstufe zu.
b Bestimme die Formen, nenne die Lexikonform und gib deren deutsche Bedeutung an.

ἀμείνω · οἰκειοτέρῳ · ἀληθέστατος · σοφωτέρους · ἀνδρεῖοι · μάλιστα · μείζους · μέση
χείρονι · κρειττόνων · λυπηρῶν · νέος · πλεῖστοι · κρατίστας

23

V 1 Wortschlange

a Trenne die einzelnen Wörter in der Wortschlange ab, die alle Spiritus und Akzente verschlungen hat.

b Gib die deutsche Bedeutung der Lexikonform an.

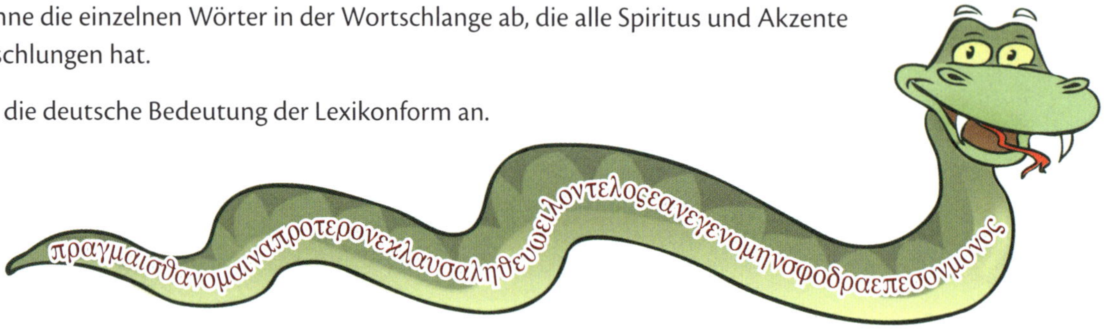

F 2 Bilde das Schema

a Fülle die Tabelle mit den Formen des Konjunktiv Präsens aus.

b Formuliere eine Regel, woran man Konjunktive erkennen kann.

	Singular	Plural
1. P.		
2. P.		
3. P.		

διάγωσιν · ὦμεν · ᾖς · ἀποκτείνῃ · ἀληθεύω · παύητε

F 3 Sortiere und ergänze

a Sortiere folgende Formen nach Präsens und Aorist.

b Eine Form des Konjunktiv Aorist fehlt. Bilde sie nach dem Paradigma deiner Grammatik von ἀληθεύω.

τελήσῃς · ἀληθεύητε · τύχῃ · χαίρῃ · ἀποστερῶμεν · θανῶ
ἔλθητε · ὀφείλω · λάβωμεν · παύωσιν · διάγωμεν

Präsens

Aorist

S 4 Ärger mit einem Gott

Διόνυσον Πενθεὺς οὐκ εἶναι θεὸν ἐνόμιζεν· ὁ δὲ ἐμμανεῖς (rasend) τὰς τῶν Θηβαίων γυναῖκας ἐποίησε, ἵνα ἐκεῖνον ἀποκτείνωσιν. Τούτῳ δὲ τῷ τρόπῳ τοὺς ἀνθρώπους ὁ θεὸς διδάσκειν (lehren) ἐβούλετο, ὅτι δεινότατα γενήσεται, ἐάν τις αὐτὸν ἀτιμάζῃ.

Tod des Pentheus, griechische Vasenmalerei (6./5. Jh. v. Chr.)

a Schreibe die Konjunktivformen heraus und bestimme sie.

b Erläutere, warum jeweils der Konjunktiv stehen muss.

c Übersetze den Text.

S 5 Himmel und Erde

Jesus stellt fest, dass „die irdischen Dinge" (τὰ ἐπίγεια) und „die himmlischen Dinge" (τὰ ἐπουράνια) selbst für jüdische Lehrer schwer zu verstehen sind. So sagt er zu einem von ihnen:

Εἰ τὰ ἐπίγεια εἶπον ὑμῖν καὶ οὐ πιστεύετε, πῶς, ἐὰν εἴπω ὑμῖν τὰ ἐπουράνια, πιστεύσετε;

Joh 3,12

a Nenne die Fachbegriffe für die Art der beiden Konditionalsätze und die Merkmale, woran du sie erkennst. Nenne bei deiner Erklärung auch Tempus und Modus der Prädikate.

b Übersetze den Satz.

W 6 Der mürrische Schwiegervater

Κνήμων, ᾧ θυγάτηρ ἦν, οὐκέτι εἶχεν τὴν γυναῖκα, ἣ αὐτὸν διὰ τοὺς τρόπους ἀπέλιπεν. Ἔπειτα δὲ Σώστρατός τις, ὃς θυγατέρα ἐφίλει, προσῆλθεν. Πρῶτον μὲν ἐκεῖνος ὁ δύσκολος (δύσκολος mürrisch, unfreundlich) αὐτὸν ἐκώλυσε, ὕστερον δ' ὁ Κνήμων, ᾧ ὁ Σώστρατος βοηθὸς ἐγένετο, τὸν νεανίαν τὴν θυγατέρα γαμεῖν ἐβούλετο.

a Schreibe die Relativpronomen heraus und gib deren Beziehungswort an.

b Übersetze den Text.

V 1 Verbinde und erkenne

Verbinde die griechischen Vokabeln in der Reihenfolge der arabischen Zahlen mit den passenden deutschen Bedeutungen. Wenn du es richtig gemacht hast, erkennst du eine für die griechische Kunst typische Form.

1 ἀναγκάζω – 2 αὖ – 3 δρᾶμα – 4 ἐάν – 5 εἰρήνη – 6 ἐπιθυμέω – 7 ἑπτά – 8 εὐμενής – 9 ἡδονή – 10 ἡδύς – 11 ὅπως – 12 πόλεμος – 13 στρατιά – 14 σφόδρα – 15 τοίνυν – 16 χαίρω – 17 ὠφέλιμος

I also – II damit – III Drama – IV Freude – V Friede – VI Heer – VII Krieg – VIII nützlich – IX sehr – X sich freuen – XI sieben – XII süß – XIII verlangen – XIV wenn – XV wieder – XVI wohlgesinnt – XVII zwingen

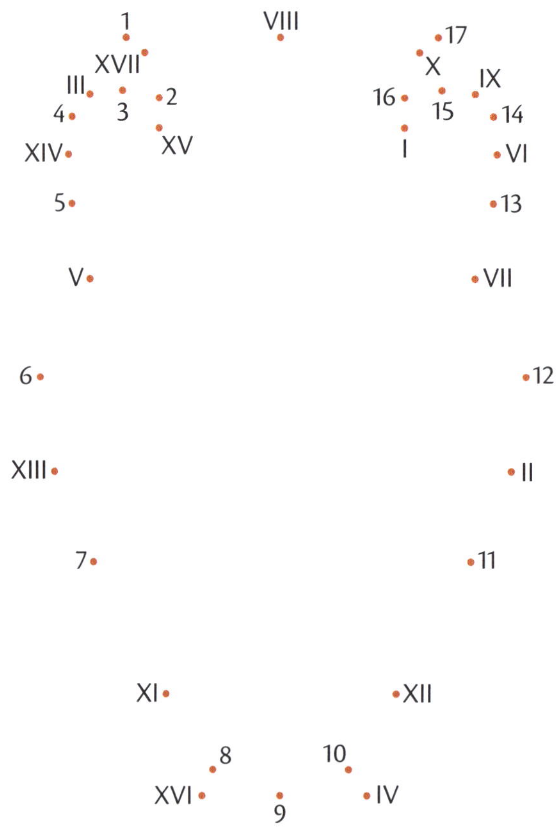

F 2 Bilde das Schema

a Trage nur die Medium-Formen des Konjunktivs in die Tabelle ein.
b Ergänze die fehlenden Aorist- bzw. Präsensformen mit dem Verb λύομαι.

γένηται · χαρίζῃ · ὁρμώμεθα · λάβω · παύωμαι · αἴσθησθε
λογιζόμεθα · τιμωρεῖται · φοβῆσθε · φαίνωνται

	Präsens		Aorist	
	Singular	Plural	Singular	Plural
1. P.				
2. P.				
3. P.				

S 3 Hauptsächlich Konjunktiv

a Schreibe auf, welche Funktionen des Konjunktivs im Hauptsatz du kennengelernt hast.

b Gib für jede Funktion ein Beispiel aus dem Lektionstext.

S 4 Als Frau vor dem Sexboykott

Τί ποιήσωμεν; Ἀλλ᾽ οὖν λογισώμεθα μέν, εὐθὺς δὲ μὴ πραξώμεθα. Ἆρα μὴ ἡσυχίαν ἄξουσιν (ἡσυχίαν ἄγω ruhig bleiben) οἱ ἄνδρες ἡμῶν, ἐὰν πρὸς ἡμᾶς ἐπανέλθωσιν; Τοῦτο δὴ μὴ ποιήσωμεν. Φοβοῦμαι γάρ, μὴ οἱ ἄνδρες ἡμᾶς τιμωρήσωσιν.

a Schreibe alle Konjunktivformen heraus und bestimme sie.

b Gib an, welche Funktion der Konjunktiv an der jeweiligen Stelle hat.

______________________ ______________________

______________________ ______________________

______________________ ______________________

c Übersetze den Text.

W 5 Alles Tempora

a Formuliere die Bildegesetze für Futur, Imperfekt und Aorist im Indikativ. Beachte dabei auch die verschiedenen Verbstämme und die Bildungsweisen der Tempora.

b Erläutere an folgenden Formen die Bildungsweise der Tempora, indem du sie segmentierst.

ἦλθες ______ ἐλθεῖν ______ ἔσται ______ ἦρξα ______

ἀποπέμψεται ______ ἠλήθευσεν ______ ἐλάμβανεν ______

W 6 Die Temporawand

Du gelangst nur zur Spitze, wenn du Formen des gleichen Tempus wählst.

a Wie viele Wege findest du?

b Gib die deutsche Bedeutung der Lexikonform der Wörter auf deinem Weg an.

c Bestimme die Formen auf deinem Weg.

Abschlusstest

1 Wortbildungslehre

Viele griechische Vokabeln sind zusammengesetzt. Oft kannst du deren Bedeutung ableiten, wenn du die Einzelteile kennst.

a Nenne die Bestandteile der Vokabeln.
b Erkläre, wie man von den Bestandteilen die Bedeutung ableiten kann.

ἀθάνατος · ἀποτρέπω · συγγίγνομαι · πάρειμι

2 Deklinationen

Die häufigste Deklination ist die 3. (konsonantische) Deklination.

a Welche Buchstaben gehören zu den Nasalen, Dentalen, Labialen, Gutturalen und Liquida?
b Wie verhalten sich diese Gruppen, wenn auf sie ein -σ- folgt?
c Trage das Schema der 3. Deklination der σ-Stämme am Beispiel δυστυχής in die Tabelle ein.

	Singular		Plural	
	m/f	n	m/f	n
Nom.				
Gen.				
Dat.				
Akk.				

3 Konjugationen

a Trage die Endungen des Aktivs und Mediums für das Präsens und Imperfekt (mit Bildevokal) in die Tabelle ein.

		Präsens		Imperfekt	
		Aktiv	Medium	Aktiv	Medium
Sg.	1. P.				
	2. P.				
	3. P.				
Pl.	1. P.				
	2. P.				
	3. P.				

b Erläutere, wie man das Futur bildet.
c Wie kann man von der Konjugation des Indikativ Präsens die Konjunktivendungen ableiten?

Lösungen

Lektion 1

1 Unbekannt bekannt

Buch βιβλίον – Christus χριστός – die Zahl pi πι – Drache δράκων – Evangelium εὐαγγέλιον – Freundschaft φιλία – Galaxie γαλαξίας – Gastfreund, Fremder ξένος – Himmel οὐρανός – Kranz στέφανος – Lebewesen, Tier ζῷον – Löwe λέων – Maß μέτρον – Ozean ὠκεανός – Pferd ἵππος – Rose ῥόδον – Schlaf ὕπνος – Seele ψυχή – Sieg, Siegesgöttin νίκη – Sonne ἥλιος – Stern ἄστρον – Theater θέατρον – Tyrann τύραννος – Weltall κόσμος

4 Schreibwerkstatt 3

a μοναρχία – δρᾶμα – θέατρον – δημοκρατία – τύραννος – Ζεύς

b ΜΟΝΑΡΧΙΑ – ΔΡΑΜΑ – ΘΕΑΤΡΟΝ – ΔΗΜΟΚΡΑΤΙΑ – ΤΥΡΑΝΝΟΣ – ΖΕΥΣ

c Alleinherrschaft – (spannendes) Schauspiel – Theater – Demokratie (Volksherrschaft) – Tyrann (Gewaltherrscher) – Zeus (der Göttervater der griechischen Mythologie)

6 Ordne und entdecke

b ῾ΑΒΡΟΧΙΤΩΝ Δ᾽ ῾Ο ΦΥΛΑΞ
ΘΗΡΟΖΥΓΟΚΑΜ ΨΙΜΕΤΩΠΟΣ
῾ΑΒΡΟΣ Δ᾽ ᾿ΕΝ ΠΡΟΧΟΑΙΣ ΚΥΚΛΩΨ
ΦΘΟΓΓΑΖΕΤΟ ΜΥΡΜΗΞ

c ΑΑΑΒΓΔΕΖΗΘΙΙΚΛΜΜΝΞΟΟΟΟΟΠΡΡΣΤΤΥΥ ΦΧΨΩΩ
αααβγγδεεζηθικκλμμνξοοοοοπρρρσστυυφχψω

Die Sätze enthalten jeweils alle Buchstaben des griechischen Alphabets mindestens ein Mal.

d Α α Alpha – Β β Beta – Γ γ Gamma – Δ δ Delta – Ε ε Epsilon – Ζ ζ Zeta – Η η Eta – Θ ϑ Theta – Ι ι Iota – Κ κ Kappa – Λ λ Lambda – Μ μ My – Ν ν Ny – Ξ ξ Xi – Ο ο Omikron – Π π Pi – Ρ ρ Rho – Σ σ Sigma – Τ τ Tau – Υ υ Ypsilon – Φ φ Phi – Χ χ Chi – Ψ ψ Psi – Ω ω Omega

7 H oder nicht h – das ist hier die Frage

a euangélion – hélios – ouranós – hýpnos – okeanós – hóra – astronomía – historía – Athená – Héphaistos – Hermés – Olympía – Hellás

b ἥλιος – ὕπνος – ὥρα – ἱστορία – Ἥφαιστος – Ἑρμῆς – Ἑλλάς

8 Vom ἄγγελος zum *angel* im Englischen

a ánkyra – Sphinx – euangélion

10 Deutsch oder Griechisch?

b δημοκρατία Demokratie (δῆμος Volk, κράτος Stärke, Macht) – πολιτικοί Politiker (πολιτικός staatsbürgerlich, politisch) – αὐτό Auto (αὐτός selbst) – σχολή Schule (Muße, Freizeit) – φυσικά Physik (φύσις Natur) – βιολογία Biologie (βίος Leben, λόγος Wort, Rede, Geschichte) – μουσική Musik – βιβλίον Bibel (Buch) – ἐνέργεια Energie – χάος Chaos – φαντασία Fantasie – διάλογος Dialog.

Lektion 2

V1 Bilde Paare

κλέπτω stehlen – καί und – λέγω sagen – εἰσίν sie sind – οὐκ nicht – ὁ ἄνθρωπος Mensch – νομίζω glauben – ἔχω haben

F2 Ordne und erkenne

a

Substantiv	Adjektiv	Verb	Partikel
ζῷον	ὁμοίους	ἔχει	δέ
οὐρανῷ		λέγουσιν	
ἀνέμων		ἱκετεύουσι	
θεοῦ			
κύκλοις			

b ζῷον Nom./Akk. Sg. n – ἔχει 3. Pers. Sg. – οὐρανῷ Dat. Sg. m – ὁμοίους Akk. Pl. m – λέγουσιν 3. Pers. Pl. – ἀνέμων Gen. Pl. m – θεοῦ Gen. Sg. m – ἱκετεύουσι 3. Pers. Pl. – κύκλοις Dat. Pl. m

c ζῷον Lebewesen, Tier – δέ aber – ἔχω haben, halten, sich verhalten – οὐρανός Himmel – ὅμοιος ähnlich – λέγω sagen, reden, nennen – ἄνεμος Wind – θεός Gott – ἱκετεύω anflehen – κύκλος Kreis

F3 Verändere den Numerus

ναῶν – λέγουσιν – βωμόν – ὁμοίῳ – ἀνθρώποις – θύει – θεός
οὕτω kann weder dekliniert noch konjugiert werden.

F4 Einordnung

a und b

	Maskulinum				Neutrum			
	Singular		Plural		Singular		Plural	
	Art.	Subst.	Art.	Subst.	Art.	Subst	Art.	Subst.
Nom.	ὁ	ἄνθρωπος	οἱ	ἄνθρωποι	τὸ	εἴδωλον	τὰ	εἴδωλα
Gen.	τοῦ	ἀνθρώπου	τῶν	ἀνθρώπων	τοῦ	εἰδώλου	τῶν	εἰδώλων
Dat.	τῷ	ἀνθρώπῳ	τοῖς	ἀνθρώποις	τῷ	εἰδώλῳ	τοῖς	εἰδώλοις
Akk.	τὸν	ἄνθρωπον	τοὺς	ἀνθρώπους	τὸ	εἴδωλον	τὰ	εἴδωλα

S5 Baupläne

a Οἱ Πέρσαι (Subjekt) ἡλίῳ καὶ ἀνέμοις (Objekte) θύουσιν (Prädikat).

b Οἱ Πέρσαι (Subjekt) εἴδωλα καὶ ναοὺς καὶ βώμους (Objekte) οὐκ ἔχουσι (Prädikat).

c Οἱ θεοὶ (Subjekt) ὅμοιοι (Prädikatsnomen) ἀνθρώποις εἰσίν (Kopula).

d Οἱ Ἕλληνες (Subjekt) τοὺς θεοὺς (Objekt) νομίζουσιν (Prädikat) ἀνθρώποις ὁμοίους.

Lektion 3

V1 Durch das Labyrinth

ἀγαθός – gut – πολιτεία – Verfassung – γυμνός – nackt – παιδεύω – bilden

F2 Bilde Paare

σχολήν · παιδείαν – πολιτεία · ψυχή – σχολῶν · τιμῶν – ζῷα · παιδία – μύθων · φιλοσόφων – ἀνθρώπῳ · Ὁμήρῳ

F3 Ordne und bestimme

a **-α:** παιδείαν, πολιτείᾳ – **-η:** τιμαῖς, σχολαί, ψυχῶν

b παιδείαν Akk. Sg. f – τιμαῖς Dat. Pl. f – σχολαί Nom. Pl. f – πολιτείᾳ Dat. Sg. f – ψυχῶν Gen. Pl. f

c Die Substantive auf -α bilden alle Singularformen auf -α, die Substantive auf -η alle Singularformen auf -η.

F4 Suche das passende Adjektiv

θεοῦ καλοῦ – εἴδωλα ὅμοια – πολιτεία ἀγαθή – ἀνθρώπων καλῶν – παιδίον γυμνόν – φιλοσόφους ἀγαθούς – ψυχῇ ἑκάστῃ

S5 Auf die Stellung kommt es an

Τὰ παιδία παίζει (spielen) γυμνά.
Die Kinder spielen nackt. (prädikativ)
Τὰ γυμνὰ παιδία παίζει (spielen).
Die nackten Kinder spielen. (attributiv)
Οἱ γυμνοὶ παίζουσιν (spielen).
Die Nackten spielen. (Substantivierung)

S6 Singular oder Plural

a Οἱ ... διδάσκαλοι ... λέγουσιν: Subjekt und Prädikat Plural – τὰ ... παιδία ἥσυχά ἐστιν: Subjekt und Prädikatsnomen (ἥσυχά) Plural, Kopula (ἐστιν) Singular – τὰ παιδία ... μανθάνει: Subjekt Plural, Prädikat Singular – αἱ ... ψυχαὶ ἀγαθαί εἰσιν: Subjekt, Prädikatsnomen und Kopula Plural – Σχολὴ ... ἐστιν: Subjekt und Prädikat Singular

b Wenn das Subjekt im Neutrum Plural steht, steht das Prädikat (bzw. die Kopula) im Singular.

c Die Lehrer erzählen den Kindern Mythen, die Kinder sind still. Und weil die Kinder die Mythen kennenlernen, sind die Seelen der Kinder gut. Freizeit aber haben die Kinder nicht.

Lektion 4

V1 Puzzle

ἀεί immer – ἀπορία Ratlosigkeit, Verlegenheit – αὐτός selbst – γιγνώσκω erkennen, wissen, beschließen – δοῦλος Sklave, Diener – ἐγώ ich – οὐκέτι nicht mehr – παραμένω bleiben bei – πείθω überreden, überzeugen – τόδε dieses

F2 Formen würfeln

Kombinationen zum Aufwärmen: ἐσθίειν – ἐθέλουσιν – λέγομεν – ἀκούειν – γιγνώσκεις – θάπτετε

Würfel 1: 1: -ω 2: -εις 3: -ει 4: -ομεν 5: -ετε 6: -ουσιν

Würfel 2: 1: ἀκού- 2: λέγ- 3: ἐσθί- 4: γιγνώσκ- 5: ἐθέλ- 6: θάπτ-

F3 Demonstrativa

τοῦ βίου: τοῦδε, τούτου – τὰ ἱμάτια: τάδε, ταῦτα – τῇ ἀπορίᾳ: τῇδε, ταύτῃ – τὰς παιδείας: τάσδε, ταύτας – τοὺς μύθους: τούσδε, τούτους – τὸ ἆθλον: τόδε, τοῦτο – τῶν τιμῶν: τῶνδε, τούτων – οἱ φιλόσοφοι: οἵδε, οὗτοι

F4 Verben

1. P. Sg.	παραμένω, ἔχω
2. P. Sg.	θάπτεις, λαμβάνεις
3. P. Sg.	δεῖ, ἔξεστιν, θύει
1. P. Pl.	ἱκετεύομεν
2. P. Pl.	μανθάνετε, νομίζετε
3. P. Pl.	εἰσίν, καθεύδουσιν
Infinitiv	εἶναι, λέγειν
Imp. Sg.	πῖνε
Imp. Pl.	μανθάνετε, νομίζετε

S5 Sokrates – ein vielschichtiger Mann

a Antiphon sagt, dass Sokrates ein schlechtes Leben führt: Er glaubt nämlich, dass dieser so das Leben führt, wie nicht einmal Sklaven (es tun). Einerseits hört er, dass dieser Mensch Schlechtes isst und trinkt, andererseits glaubt er, dass derselbe ein Lehrer ist.

b λέγει, τὸν Σωκράτη, διάγειν – νομίζει, τόνδε, διάγειν – ἀκούει, τοῦτον τὸν ἄνθρωπον, ἐσθίειν καὶ πίνειν – νομίζει, τὸν αὐτὸν, εἶναι

S6 Auf die Stellung kommt es an

Z. 5 attributive Stellung: dasselbe

Z. 6 prädikative Stellung im Nom. mit Bezugswort: selbst

Lektion 5

V1 Wörter, die verbinden

1. aneinanderreihend: καί und, auch – τε ... καί sowohl ... als auch – μέν ... δέ (zwar) ... aber, (einerseits) ... andererseits – οὔτε ... οὔτε weder ... noch – δέ und – οὐδέ und nicht, nicht einmal – οὐ μόνον ... ἀλλὰ καί nicht nur ... sondern auch
2. einen Gegensatz bezeichnend: μέν ... δέ (zwar) ... aber – δέ aber – οὐδέ aber nicht – ἀλλά aber, sondern – καίτοι und doch
3. begründend: γάρ denn, nämlich – ὅτι weil
4. hervorhebend: γε gerade – πάνυ ganz, durchaus – καίτοι und gewiss
5. einschränkend: γε wenigstens
6. eine Folge bezeichnend: οὖν also – ὥστε und so, daher, so dass
7. vergleichend: ὥσπερ wie – ὡς wie
8. einen Nebensatz einleitend: ὅτι dass, weil – ὡς wie, als – εἰ wenn

F2 Demonstrativ

a ὅδε ἥδε τόδε / τοῦδε τῆσδε τοῦδε / τῷδε τῇδε τῷδε / τόνδε τήνδε τόδε // οἵδε αἵδε τάδε / τῶνδε τῶνδε τῶνδε / τοῖσδε ταῖσδε τοῖσδε / τούσδε τάσδε τάδε

b οὗτος αὕτη τοῦτο / τούτου ταύτης τούτου / τούτῳ ταύτῃ τούτῳ / τοῦτον ταύτην τοῦτο // οὗτοι αὗται ταῦτα / τούτων τούτων τούτων / τούτοις ταύταις τούτοις / τούτους ταύτας ταῦτα

(Schwierigkeiten beim Lernen könnten auftreten, weil die erste Silbe der Maskulinum- und Neutrumformen gewöhnlich mit Omikron gebildet wird, die erste Silbe der Femininumformen mit Alpha. Ausnahme: Gen. Pl. f auf Omikron.)

F3 o oder a

ἀπορίας a a-Dekl. b Gen. Sg. f oder Akk. Pl. f c Ratlosigkeit, Verlegenheit
θεοῦ a o-Dekl. b Gen. Sg. m c Gott
σχολῇ a a-Dekl. b Dat. Sg. f c Muße, Freizeit
ἀνθρώπους a o-Dekl. b Akk. Pl. m c Mensch
θάλατταν a a-Dekl. b Akk. Sg. f c Meer
ξένων a o-Dekl. b Gen. Pl. m c Gastfreund, Fremder, Söldner
ἆθλα a o-Dekl. b Nom./Akk. Pl. n c Wettkampf, Kampfpreis
ἀρετῶν a a-Dekl. b Gen. Pl. f c Vortrefflichkeit, Vollkommenheit
φίλῳ a o-Dekl. b Dat. Sg. m c Freund
ψυχή a a-Dekl. b Nom. Sg. f c Seele, Leben
βίοις a o-Dekl. b Dat. Pl. m c Leben
εἴδωλον a o-Dekl. b Nom./Akk. Sg. n c Götterbild

F4 Schaffe Ordnung

a und b

	Verba vocalia/muta		εἶναι	
	Singular	Plural	Singular	Plural
1. P.	ἔχω	λαμβάνομεν	εἰμί	ἐσμέν
2. P.	λέγεις	ἀκούετε	εἶ	ἐστέ
3. P.	μανθάνει	νομίζουσιν	ἐστίν	**εἰσί(ν)**
Imperativ	παίδευε	ἀκούετε	**ἴσθι**	**ἔστε**
Infinitiv	**λύειν**		εἶναι	

c ἐστέ ihr seid – λέγεις du sagst, redest, nennst – ἐσμέν wir sind – ἔχω ich habe, halte, verhalte mich – νομίζουσιν sie glauben, halten für, erkennen als verbindlich an – ἐστίν er, sie, es ist – μανθάνει er, sie, es lernt, begreift – εἶ du bist – λαμβάνομεν wir nehmen, ergreifen, bekommen – εἰμί ich bin – παίδευε Bilde! Erziehe! – εἶναι sein – ἀκούετε ihr hört, Hört!
Ergänzte Formen: λύειν lösen, befreien, zerstören – εἰσί(ν) sie sind – ἴσθι Sei! – ἔστε Seid!

S5 Satzteile

1. Ὁ ἀγαθὸς ἄνθρωπος	τοῖς θεοῖς	θύει.
Subjekt mit Attribut	Dativobjekt	Prädikat
2. Ὁ ἄνθρωπος	ἀγαθός	ἐστιν.
Subjekt	Prädikatsnomen	Kopula
	Prädikat	

S6 Prädikativ oder attributiv

a attributive Stellung: Vor dem Attribut steht ein Artikel (οἱ διδάσκαλοι τοὺς καλοὺς μύθους (oder: τοὺς μύθους τοὺς καλοὺς bzw. τοὺς καλοὺς τοὺς μύθους oder μύθους τοὺς καλοὺς) λέγουσιν.)

prädikative Stellung: Das Attribut hat keinen Artikel und das Beziehungswort hat einen Artikel (z. B. als Prädikatsnomen).
Demonstrativpronomen sind immer prädikativ gestellt.

Nur aus dem Kontext entscheidbar ist der Gebrauch, wenn weder Attribut noch Beziehungswort einen Artikel haben (ἀκούομεν μύθους κακούς. – ἀκούομεν μύθους κακούς εἶναι.).

b οἱ ἄνθρωποι ἀγαθοί εἰσιν – οἱ ἀγαθοὶ ἄνθρωποι ἀπορέουσιν

c ὁ αὐτός (attributiv gestellt) bedeutet „derselbe", αὐτός (prädikativ gestellt) bedeutet „selbst".

S7 AcI

Bsp.: Οἱ φίλοι λέγουσίν σε τούτους τοὺς ἀνθρώπους γοητεύειν (verzaubern).
Die Freunde sagen, dass du diese Menschen verzauberst. (Die andere Möglichkeit würde nicht dem im Lektionstext gemeinten Sinn entsprechen: Die Freunde sagen, dass die Menschen dich verzaubern.)

1. Der AcI steht nach Verben des Sagens/Meinens, der inneren und äußeren Wahrnehmung und nach unpersönlichen Ausdrücken. In diesem Fall: λέγουσίν.
2. Er besteht aus einem Subjektsakkusativ (σε) und einem Prädikatsinfinitiv (γοητεύειν). Doppeldeutigkeiten sind aus dem Kontext zu entscheiden (σε oder τούτους τοὺς ἀνθρώπους als Subjektsakkusativ). Er kann auch durch alle Satzteile erweitert werden. Hier geschieht dies durch das Akkusativobjekt (τούτους τοὺς ἀνθρώπους).
3. Der AcI wird in der Regel mit einem Nebensatz übersetzt, der mit „dass" eingeleitet wird. In diesem Nebensatz wird dann der Subjektsakkusativ als Subjekt und der Prädikatsinfinitiv als Prädikat wiedergegeben.

Lektion 6

V1 Domino

… Anfang/ταχύ – schnell, bald/ἔρχομαι – gehen/ἀκούω – hören/ἀποκρίνομαι – antworten/χρόνος – Zeit/σοί – dir/μετά + Gen. – mit/πυνθάνομαι – sich erkundigen/τί – was? warum?/ἀδελφός – Bruder/υἱός – Sohn/βούλομαι – wollen/μέγας – groß/ἀρχή …

F/V2 Wer wird Sieger?

a Läufer 2

b Läufer 1: ἀκούεται – πίνῃ – γιγνώσκονται – θαπτόμεθα – ἄγεσθε – **φαίνεσθαι** – τὸ τέλος
Läufer 3: μανθάνονται – λέγῃ – νομίζεσθε – θυόμεθα – **ἐσθίεται** – ἀποκρίνομαι – τὸ τέλος

c Läufer 1: ἀκούω – πίνω – γιγνώσκω – θάπτω – ἄγω – φαίνω

Läufer 2: ἔρχομαι – φέρω – βούλομαι – πείθω – ἱκετεύω – παιδεύω
Läufer 3: μανθάνω – λέγω – νομίζω – θύω – ἐσθίω – ἀποκρίνομαι

F3 Stelle Beziehungen her

χῶραι: μεγάλαι, πολλαί – ἀρχαῖς: μεγάλαις, πολλαῖς – τέκνα: μεγάλα, πολλά – βίους: μεγάλους, πολλούς – ἀπορία: μεγάλη, πολλή – λόγων: μεγάλων, πολλῶν – ψυχάς: μεγάλας, πολλάς – χρόνον: μέγαν, πολύν

S4 Immer wieder αὐτός

a Ein Mensch hat zwei Söhne. Der jüngere geht in andere Orte und isst und trinkt dort viel. Als aber der Vater hört, dass **er** kommt, freut er sich. Doch der Sohn **selbst** sagt: „Ich bin in Verlegenheit (oder: Ich bin ratlos); denn ich führe ein schlechtes Leben, wie mir wenigstens scheint." Der Vater antwortet **ihm**: „Du bist auch jetzt mein Sohn; denn ich habe immer **dieselben** Söhne. Bleibe also bei mir!" Und der Sohn freut sich, aber sein Bruder sagt zum Vater: „Lange Zeit diene ich dir; nun höre ich, dass **er** da ist und du dich freust. Dies scheint mir ungerecht zu sein."

b Wenn **αὐτός** allein steht, wird es gewöhnlich mit dem **Personalpronomen** übersetzt (im Text beim ersten, dritten und fünften Auftreten). Wenn ein Artikel unmittelbar vorausgeht, heißt es „derselbe" (beim vierten Auftreten; **attributiver Gebrauch**). Wenn kein Artikel steht, wohl aber ein Wort in KNG-Kongruenz, heißt es „selbst" (beim zweiten Auftreten; **prädikativer Gebrauch**).

S5 Werde Lehrer

Das Medium und das Passiv haben im Griechischen die gleichen Endungen. Sie lauten:
1. Sg. -ομαι – 2. Sg. -ῃ – 3. Sg. -εται – 1. Pl. -ομεθα – 2. Pl. -εσθε – 3. Pl. -ονται – Inf. -εσθαι – Imp. Sg. -ου – Imp. Pl. -εσθε
Die Übersetzung der Mediumformen erfolgt im Deutschen als Aktiv.
Bildet man von Verben, die ein Aktiv besitzen, ein Medium, so drückt das eine Handlung aus, die man an sich selbst vollzieht (sich waschen) oder in seinem eigenen Interesse vornimmt (sein Schiff beladen).

W6 Formentafel zu den Deklinationen

ὁ κύριος – τοῦ κυρίου – τῶν κυρίων – τοῖς κυρίοις – τοὺς κυρίους – τὸν κύριον – ὁ κύριος
τὸ τέκνον – τὸ τέκνον – τὰ τέκνα – τῶν τέκνων – τοῦ τέκνου – τῷ τέκνῳ – τὸ τέκνον
ἡ ἀρχή – αἱ ἀρχαί – τὰς ἀρχάς – τὴν ἀρχήν – τῇ ἀρχῇ – τῆς ἀρχῆς – ἡ ἀρχή

Lektion 7

V1 Mannschaftsaufstellung

πάσχω erleben, erleiden – πείθομαι gehorchen – οὖν nun, also – σοφία Weisheit – φαίνομαι sich zeigen, erscheinen – ἐπέρχομαι herankommen (an), angreifen – οὕτως so – νυκτός nachts – γίγνομαι werden, entstehen, geschehen, gelangen – οὐδέν nichts, in keiner Weise – πολέμιος feindlich, Feind

F2 Bauplan

γιγνομένῳ – πεμπομένην – ἀτιμαζόμεναι – πειθόμενον – ἐλαυνόμενα – ἑπομένης – ἐπερχομένων – λυομένας – φαινομένους – φευγομένη

S3 Partizip

Übersetzung mit Adverbialsatz: Z. 1 ... als er in die Tempelhalle kommt ... (εἰσερχόμενος) – Z. 2 während er wehklagt ... (ὀλοφυρόμενον) – Z. 3 ... als ihm der Gott erscheint (φαινόμενος) – Z. 4 wenn du einen Feldzug unternimmst (στρατευόμενος)
Substantivierung: Z. 2 (das Geschehende, besser:) das, was geschieht, ... (τὰ γιγνόμενα)

S4 Mäusejagd

a ἀτιμαζόμενοι prädikativ – ὀλοφυρόμενος prädikativ – τὰ γιγνόμενα substantiviert – φαινόμενος prädikativ – πειθόμενος prädikativ – βουλομένους attributiv

b Die Soldaten der Ägypter werden von ihrem Heerführer verächtlich behandelt und wollen diesem deshalb nicht helfen. (Oder: Weil die Sodaten der Ägypter von ihrem Heerführer verächtlich behandelt werden, wollen sie diesem nicht helfen.) So ist jener in großer Verlegenheit und geht, während er das, was geschieht, beklagt, in die Tempelhalle. Dort erscheint ihm im Schlaf der Gott und sagt: „Unternimm einen Feldzug! Denn ich schicke dir Soldaten." Also gehorcht Sethos und nimmt von den Ägyptern die Menschen, die ihm folgen wollen. Nachts jedoch fressen Mäuse die Waffen der Feinde, sodass diese nackt (= ohne Waffen) fliehen.

W5 Kletterwand

1. γίγνομαι – γίγνῃ – γίγνεται – γιγνόμεθα – γίγνεσθε – γίγνονται
2. εἰμί – ἐστίν – εἶ – ἐσμέν – εἰσίν – ἐστέ
3. ἔρχομαι – ἔρχονται – ἔρχεται – ἐρχόμεθα – ἔρχεσθε – ἔρχονται

Lektion 8

V1 Entdecke

1 VIII –2 XIII –3 XIV – 4 XI – 5 VII – 6 IV – 7 III – 8 XV – 9 I – 10 V – 11 IX –12 VI –13 II – 14 XII –15 X.
Du siehst das Pferd Boukephalas.

F2 Eintragen und erkennen

a

	Singular			Plural		
	m	f	n	m	f	n
Nom.	πᾶς	πᾶσα	πᾶν	πάντ-ες	πᾶσαι	πάντ-α
Gen.	παντ-ός	πάσης	παντ-ός	πάντ-ων	πασῶν	πάντ-ων
Dat.	παντ-ί	πάσῃ	παντ-ί	πᾶσι(ν)	πάσαις	πᾶσι(ν)
Akk.	πάντ-α	πᾶσαν	πᾶν	πάντ-ας	πάσας	πάντ-α

b Im Dativ Plural ist der Stammauslaut ντ nicht mehr vorhanden. (Regel: Vor ς fällt ντ mit Ersatzdehnung des vorhergehenden Vokals aus.)

F3 Bilde ein Schema

a und b

	Singular			Plural		
	m	f	n	m	f	n
Nom.	μανθάνων	θέλουσα	ἄπαγον	τρέποντες	**λύουσαι**	φεύγοντα
Gen.	ἀναβαίνοντος	ταραττούσης	ἀναβαίνοντος	κελευόντων	δακρυουσῶν	κελευόντων
Dat.	πάροντι	τρεχούσῃ	πάροντι	λαμβάνουσι	**λυούσαις**	λαμβάνουσι
Akk.	φεύγοντα	**λύουσαν**	ἄπαγον	**λύοντας**	**λύουσας**	φεύγοντα

c μανθάνω lernen, begreifen – ἀναβαίνω hinaufgehen, besteigen – πάρειμι da sein – φεύγω fliehen – θέλω wollen – ταράττω durcheinanderbringen, verwirren, erschrecken – τρέχω laufen – λύω lösen, befreien, zerstören – ἀπάγω wegführen – τρέπω wenden – κελεύω befehlen – λαμβάνω nehmen, ergreifen, bekommen – δακρύω weinen

F4 Bilde Paare

παντὶ κόσμῳ – πάσης/πάσας σοφίας – πᾶς στρατιώτης – πάσης κεφαλῆς – παντὸς στρατοῦ – πάντας ὕπνους – πάντα ὅπλα – πᾶσαν παρθένον

S5 Boukephalas

a **Aktiv:** ὄντα – παρὼν – ἔχοντας – μανθάνων – θέλοντα – κελεύων – **Medium/Passiv:** ταραττόμενον

b ὄντα prädikativ – παρὼν prädikativ – ἔχοντας prädikativ – μανθάνων prädikativ – ταραττόμενον AcP – θέλοντα AcP – κελεύων prädikativ

c ὡς kausale Färbung (subjektiv, d. h. Begründung aus der Sicht des Handelnden) – ἅτε (2×) kausale Färbung (objektiv, d. h. für jeden einsichtiger Grund)

d μανθάνων (übergeordnetes Verb) τὸν Βουκεφάλαν (Akkusativ) … ταραττόμενον (Partizip) – γιγνώσκει (übergeordnetes Verb) τὸν ἵππον (Akkusativ) … θέλοντα (Partizip)

e Es ist nötig, dass Boukephalas – da man meint, er sei wild – weggeführt wird. Doch Alexander ist da und so sagt er: „Das Pferd erschreckt alle, weil sie weder Mut noch Erfahrung haben. *Ich* will zu ihm gehen!" Weil er also begreift, dass Boukephalas durch seinen Schatten erschreckt wird, wendet er das Pferd zur Sonne. Und da er später erkennt, dass das Pferd laufen will, treibt er es an, indem er mit lauter Stimme Befehle gibt.

W6 Fachsprache: Bist du ein Experte?

Artikel: „Begleiter" (der, die, das), im Griechischen nur bestimmter (ὁ, ἡ, τό). – **Elision:** Ausstoßung des letzten kurzen Vokals eines griechischen Wortes (wenn das nächste Wort mit einem Vokal beginnt) – **Imperativ:** Befehlsform des Verbs – **Indikativ:** Wirklichkeitsform des Verbs – **Infinitiv:** Grundform des Verbs – **Negation:** Verneinung – **Objekt:** Satzglied, mit oder an dem etwas gemacht wird; meistens im Dativ oder Akkusativ; Fragen: Dativobjekt „Wem?", Akkusativobjekt: „Wen oder was?" – **Prädikat:** Verb mit Personalendung, das die Handlungsangabe bestimmt – **Prädikatsnomen:** steht gewöhnlich mit einer Form von „sein" (εἰμί) und bildet mit dieser das Prädikat – **Subjekt:** Satzglied, das gewöhnlich den Ausführenden einer Handlung bestimmt (Frage: „Wer oder was?") – **Substantiv:** (auch: „Nomen") Wortart, lässt sich deklinieren, erscheint meist als Subjekt, Objekt oder mit Präposition im Satz – **Verb:** Wortart, gibt die Handlung an, lässt sich konjugieren, erscheint als Prädikat, Infinitiv oder Partizip

Lektion 9

V1 Domino-Reihe

a ἔχω/sofort – εὐθύς/Ort – τόπος/einige – ἔνιοι/als, weil – ἐπεί/gehorchen – πείθομαι/Opfer – θυσία/Stadt – πόλις/anbieten – παρέχω/Gefahr – κίνδυνος/sich unterscheiden – διαφέρω/ebenso – ὡσαύτως/Name – ὄνομα/irgendjemand – τις/niemand, kein – οὐδείς/wir

b ἡμεῖς
haben, halten, sich verhalten

F/V2 Die Akkusativstraße

a Läufer 3

b Läufer 1: διαφέροντας – δημοκρατίαν
Läufer 2: θυσίαν – ἀρέσκοντα/ἀρέσκον – πειθομένους

c τις irgendjemand – οὐδείς niemand, kein – ὕπνος Schlaf – κίνδυνος Gefahr – διαφέρω sich unterscheiden, sich auszeichnen – παράδειγμα Beispiel, Vorbild – δημοκρατία Demokratie – τὸ τέλος Ende, Zweck – ὄνομα Name – ἄρχω anfangen mit, herrschen über – θυσία Opfer – παῖς Kind, Sklave, Sohn, Tochter – ἀρέσκω gefallen – φωνή Ton, Stimme – πείθομαι gehorchen – ἀνδρεία Tapferkeit, Mut – ὅπλον Waffe – ἀνόσιος unrecht, gottlos, gewissenlos – ἀπάγω wegführen – εὐφραίνω erfreuen – πολέμιος feindlich, Feind – γραφή Schrift, Bild, Anklageschrift

F3 Vertausche den Numerus

τις τινες – τι τινα – τινας τινα – τισιν τινι – τινος τινων

F4 Deklinationsschema

Singular: ὄνομα – παραδείγματος – ὀνόματι – ὄνομα
Plural: ὀνόματα – παραδειγμάτων – παραδείγμασιν – ὀνόματα

F5 Zuordnung

a -ντ-Stamm: πᾶς – ἀπάγουσιν – τρέχοντα – ἄρχων
Nasalstamm: οὐδέν – τισιν
Dentalstamm: παῖς – ὄνομα

b -ντ-Stamm: Vor ς fällt ντ mit Ersatzdehnung des vorhergehenden Vokals aus. Nasalstamm: Vor ς fällt ν aus. Dentalstamm: Vor ς fallen Dentale aus.

c παντάπασιν: Adverb

F6 Kletterwand

1. πᾶς – ἄρχων – ἄρχοντες – ἀρχόντων – πάντας – πᾶσι
2. τις – τινι – τινος – οὐδείς – τινα – τινες
3. παῖς – παιδί – παῖδα – ὀνόμασι – (παῖδες) – παράδειγμα – παῖδες

W7 Paarbildung

ταύτης / τῆσδε τῆς (ταύτας / τάσδε τὰς) ἐμπειρίας – ταύταις / ταῖσδε ταῖς θυσίαις – ταύτης / τῆσδε τῆς σιγῆς – αὕτη / ἥδε ἡ πόλις – τούτου / τοῦδε τοῦ Φιλίππου – τούτους / τούσδε τοὺς κινδύνους – οὗτοι / οἵδε οἱ παῖδες – ταῦτα / τάδε τὰ γιγνόμενα – ταῦτα / τάδε τὰ παραδείγματα – αὗται / αἵδε αἱ φωναί

Lektion 10

V1 Wortfelder

Denken, Reden, Lernen (Lektion 2–9): 2: λέγω 3: παιδεύω – μανθάνω – παιδεία – φιλόσοφος – διδάσκαλος 4: γιγνώσκω – πείθω 5: Γνῶθι σαυτόν – ἀρετή – λόγος – σοφός 6: πυνθάνομαι – ἀποκρίνομαι 7: σοφία 9: ὄνομα
Natur (Lektion 2–9): 2: οὐρανός – ἥλιος – ἄνεμος 4: βίος 5: θάλαττα – χώρα 6: ζωή 7: κόσμος – ὕπνος – ἐνύπνιον – νυκτός 9: ἐρημία – τόπος
Bewegung (Lektion 6–8): 6: ἔρχομαι – ἥκω 7: γίγνομαι – ἐλαύνω – ἐπέρχομαι – ἕπομαι 8: ἀπάγω – παραβαίνω – ἀναβαίνω – τρέχω
Krieg (Lektion 7–10): 7: ἀτιμάζω – στρατιώτης – στρατός – βασιλεύς – βοηθέω – στρατεύομαι – πάσχω – πέμπω – πείθομαι – πολέμιος – στρατοπεδεύομαι – ὅπλον – λύω – φεύγω – πίπτω 8: κελεύω – ἄγριος – ταράττω – ἀνδρεία 9: ἄρχω – ἐναντίος – κίνδυνος – ἰσχύω 10: στρατηγός – μισέω – ἀγωνίζομαι – ὑπερβάλλω
Der Mensch: Lebensphasen und Beziehungen (Lektion 5–10): 5: φίλος – ξένος 6: υἱός – ἀδελφός – τέκνον 8: παρθένος 9: παῖς 10: γυνή

V2 Ableitung

Akustik: Klangwirkung (von ἀκούω hören) – **empirisch:** erfahrungsgemäß (von ἐμπειρία Erfahrung) – **Eremit:** Einsiedler (von ἐρημία Einsamkeit, Wüste) – **Grafik:** Schaubild (von γραφή Schrift, Bild, Anklageschrift) – **Haptik:** Lehre vom Tastsinn (von ἅπτομαι berühren) – **Hyperbel:** Übertreibung (als Stilmittel), Kegelschnitt (in der Mathematik) (von ὑπερβάλλω übertreffen, übertreiben, herausragen) – **Misanthrop:** Menschenhasser (von μισέω hassen, ἄνθρωπος Mensch) – **Pädagoge:** Erzieher, Lehrer etc. (von παῖς Kind, ἄγω führen, treiben, ziehen, marschieren) – **Paradigma:** Beispiel, Muster (von παράδειγμα Beispiel, Vorbild) – **Phonetik:** Lehre von der Lautbildung (von φωνή Ton, Stimme) – **Strategie:** Kriegskunst (von στρατηγός Feldherr, Heerführer, Stratege)

S3 Unscheinbares

a Spiritus: Spiritus asper ῾ und Spiritus lenis ᾿ – Akzente: Akut ´, Gravis ` und Zirkumflex ~

b Griechisch: . (Deutsch: Punkt) – Griechisch: , (Deutsch: Komma) – Griechisch: ; (Deutsch: Fragezeichen) – Griechisch: · (Deutsch: Punkt, Doppelpunkt, Semikolon)

c Ἀνόσιος (Spiritus lenis, Akut) μέν (Akut) εἰμι (Spiritus lenis) τὴν (Gravis) τοῦ (Zirkumflex) ἀδελφοῦ (Spiritus lenis, Zirkumflex) κεφαλὴν (Gravis) ἐν (Spiritus lenis) θησαυρῷ (Zirkumflex) βασιλικῷ (Zirkumflex) ἀποταμών (Spiritus lenis, Akut). (Punkt)
εἰμι ist ein Enklitikon und lehnt sich an das μέν an und bildet mit diesem eine Ausspracheeinheit. Deswegen erhält μέν den Akut (und nicht den Gravis, der auf der letzten oder einzigen Silbe eines Wortes steht, wenn ein Wort ohne Satzzeichen folgt).

F4 Partizipien

a Part. Präs. Akt.: Verbalstamm + -ων (im Nom. Sg. m) bzw. -ον (im Nom./Akk. Sg. n) bzw. -οντ- mit Endung der 3. Dekl. (in den übrigen Formen m und n); Verbalstamm + -ουσ- mit Endung der a-Dekl.;
Part. Präs. Med./Passiv: Verbalstamm + -ο-, Kennzeichen -μεν- und Endungen der o-Dekl. (m, n) bzw. a-Dekl. (f)

b ὡς (zur Angabe eines subjektiven Grundes: „in der Meinung dass, als ob") – ἅτε (zur Angabe eine objektiv gültigen Grundes: „weil")

c Ein AcP ist ein Akkusativ mit einem Partizip in KNG-Kongruenz. Wie beim AcI wird bei der Übersetzung der Akkusativ zum Subjekt eines deutschen dass-Satzes. Das Partizip wird zum Prädikat. Ein AcP kann im Gegensatz zum AcI nur nach Verben des Wahrnehmens und Wissens, Zeigens und Meldens stehen.

d z. B.: Da ein Partizip – wenn es nicht substantiviert wird – sich in KNG-Kongruenz auf ein Subjekt, Objekt oder eine adverbiale Bestimmung bezieht, sind nach der Identifizierung des Prädikates zuerst diese Satzglieder festzustellen. Dabei ist zu beachten, dass auch das Partizip derartige Satzglieder nach sich ziehen kann und daher zu prüfen ist, ob z. B. ein Objekt eher zum Prädikat oder zum Partizip passt.

e Nach der Identifizierung und Übersetzung von erweitertem Prädikat und Subjekt (Καὶ οὐκ ἀνόμως ἔχομεν ... Und wir verhalten uns nicht ungesetzlich ...) wird festgestellt, dass ein Partizip (πειθόμενοι) in KNG-Kongruenz zum Subjekt vorliegt; da das zugrundeliegende Verb (πείθομαι gehorchen) einen Dativ verlangt, gehören die folgenden Dative (πειθόμενοι τοῖς τε ἄρχουσι καὶ τοῖς νόμοις) zur Partizipialkonstruktion. Im vorliegenden Beispiel kann zunächst wörtlich übersetzt werden, bevor dann die Sinnrichtung in einem Adverbialsatz verdeutlicht werden kann: „Und wir verhalten uns nicht ungesetzlich, gehorchend den Herrschenden und den Gesetzen / indem (dadurch dass, wenn) wir den Archonten und den Gesetzen gehorchen."

F5 3. Deklination

a Den Stamm erkennt man, indem man bei den mitzulernenden Genitiven die Endung -ος streicht. Der Stamm endet bei Nasalstämmen auf ν, bei Dentalstämmen auf δ oder τ, bei ντ-Stämmen auf ντ.

b Bei Nasalstämmen gilt: ν + σ wird zu σ – bei Dentalstämmen gilt: δ, τ + σ wird zu σ – bei ντ-Stämmen gilt: οντ + σ wird zu ους (d. h. der vorangehende Vokal wird gedehnt).

F6 Segmentiere

a ἀκού-οντ-ος – ἀπο-κρίν-ῃ – ἁπτ-ο-μέν-ους – ἄρχ-ουσ-α – βουλ-ό-μεθα – ἐρχο-μέν-ῃ – ἥκ-εις – κελεύ-οντ-ας – κυρί-ους – παῖδ-α – παραδείγματ-ι – σοφί-αν – στρατιώτ-ου – τιν-ές – φαίν-ε-ται

b **ἀκούοντος** Verba vocalia, 3. Deklination (ντ-Stamm) – **ἀποκρίνῃ** Verba liquida – **ἁπτομένους** Verba muta, o-Deklination – **ἄρχουσα** Verba muta, a-Deklination – **βουλόμεθα** Verba liquida – **ἐρχομένῃ** Verba muta, a-Deklination – **ἥκεις** Verba muta – **κελεύοντας** Verba vocalia, 3. Deklination (ντ-Stamm) – **κυρίους** o-Deklination – **παῖδα** 3. Deklination – **παραδείγματι** 3. Deklination (Dentalstamm) – **σοφίαν** a-Deklination – **στρατιώτου** a-Deklination – **τινές** 3. Deklination (Nasalstamm) – **φαίνεται** Verba liquida

c **ἀκού-οντ-ος** Gen. Sg. m/n des Partizips Präsens Aktiv (Kennzeichen -οντ-, Endung der 3. Dekl.) – **ἀπο-κρίν-ῃ** 2. Sg. Med. (Endung -ῃ) – **ἁπτ-ο-μέν-ους** Akk. Pl. m des Partizips Präsens Medium (Kennzeichen -μέν-, Endung der o-Dekl.) – **ἄρχ-ουσ-α** Nom. Sg. f des Partizips Präsens Aktiv (Kennzeichen -ουσ-, Endung der a-Dekl.) – **βουλ-ό-μεθα** 1. Pl. Med. (Endung -μεθα) – **ἐρχο-μέν-ῃ** Dat. Sg. f des Partizips Präsens Medium (Kennzeichen -μέν-, Endung der a-Dekl.) – **ἥκ-εις** 2. Sg. Akt. (Endung -εις) – **κελεύ-οντ-ας** Akk. Pl. m des Partizips Präsens Aktiv (Kennzeichen -οντ-, Endung der 3. Dekl.) – **κυρί-ους** Akk. Pl. m (Endung der o-Dekl.) – **παῖδ-α** Akk. Sg. m/f (Endung der 3. Dekl.) – **παραδείγματ-ι** Dat. Sg. n (Endung der 3. Dekl.) – **σοφί-αν** Akk. Sg. f (Endung der a-Dekl.) – **στρατιώτ-ου** Gen. Sg. m (Endung der a-Dekl. m) – **τιν-ές** Nom. Pl. m/f (Endung der 3. Dekl.) – **φαίν-ε-ται** 3. Sg. Med./Pass. (Endung -ται)

d ἀκούω hören – ἀποκρίνομαι antworten – ἅπτομαι berühren – ἄρχω anfangen, herrschen – βούλομαι wollen – ἔρχομαι kommen, gehen – ἥκω kommen, gekommen sein, da sein – κελεύω befehlen – κύριος Herr – παῖς Kind, Sklave, Sohn, Tochter – παράδειγμα Beispiel, Vorbild – σοφία Weisheit – στρατιώτης Soldat – τις irgendjemand – φαίνομαι sich zeigen, erscheinen – φαίνω sichtbar machen, zeigen, leuchten

S7 Theseus und der Minotaurus

a δεῖ ist Prädikat, der AcI Τούτους ... πέμπειν Subjekt, πολλὰ τέκνα Akkusativobjekt und εἰς τὴν Κρήτην adverbiale Bestimmung des Ortes (der Richtung) zu πέμπειν.

b AcP: τὸν Μινώταυρον ... ἐσθίοντα (Z. 3), abhängig vom Prädikat πυνθάνονται

c ὢν prädikativ – βασιλεύων attributiv – βουλόμενος prädikativ – ἐθέλοντι prädikativ – οἱ ... ἀκούοντες substantiviert

d Ἔπειτα δὲ Αἰγεὺς ὁ τῶν Ἀθηνῶν βασιλεύων (βασιλεύω König sein, herrschen) τὸν υἱὸν εἰς τὴν Κρήτην πέμπει ἅτε ἐκείνοις τοῖς παιδίοις βοηθέειν βουλόμενος.

Prädikat ist πέμπει, Subjekt Αἰγεὺς (ὁ τῶν Ἀθηνῶν βασιλεύων kann aufgrund der Identifizierung als Nominativ auf Αἰγεὺς bezogen werden); Übs. (zunächst ohne Attribut): „Aigeus schickt ...". Frage: „Wen oder was schickt er?" Akkusativobjekt: τὸν υἱὸν; Übs.: „Aigeus schickt seinen Sohn ..." Frage: „Wohin?" εἰς τὴν Κρήτην „... nach Kreta".

ἅτε kündigt ein Partizip an: βουλόμενος, das in KNG-Kongruenz zu Αἰγεὺς ὁ τῶν Ἀθηνῶν βασιλεύων steht: „weil er ... will". Beim Verb βούλομαι wird ein Infinitiv erwartet: βοηθέειν, Übs.: „weil er helfen will"; es folgt die Frage „Wem helfen will?" Dativobjekt: ἐκείνοις τοῖς παιδίοις „jenen Kindern".

e Weil der Minotaurus vielen Menschen unangenehm ist, wird er von den Athenern gehasst. Denn diese müssen viele Kinder nach Kreta schicken. Später aber erfahren sie, dass der Minotaurus diese Kinder frisst. Da schickt Aigeus, der König von Athen ist, seinen Sohn nach Kreta, weil er jenen Kindern helfen will. Denn Theseus wird nicht nur von niemandem durch Tapferkeit übertroffen, sondern er zeichnet sich auch vor den anderen durch Weisheit aus. Deshalb bewundert Ariadne ihn. Dieser tötet den Minotaurus. Und als er aus dem Labyrinth fliehen will, hilft ihm die junge Frau. Diejenigen, die das hören, freuen sich.

Lektion 11

V1 Schaffe Verbindung

a ἀγγέλλω melden – ἅμα zugleich – ἅτε + Part. weil – αὐτίκα sofort – βάλλω werfen, treffen – βλέπω sehen, schauen – γυνή Frau – διό deswegen, deshalb – μέντοι freilich, jedoch – μισέω hassen – ὅσιος fromm, heilig – ὅτε als, wenn – συγχωρέω erlauben, vereinbaren – σῶμα Körper – ὑπό + Gen. von, unter – φονεύω töten – χαλεπός schwierig, unangenehm

b αἰσθάνομαι bemerken, wahrnehmen – πέμπω schicken – πράττω tun, handeln

F2 Der unbekannte Aorist

Das Augment (ἐ-) ist das Zeichen für ein Vergangenheitstempus. Bei vokalisch auslautenden Verben tritt es verändert auf, z. B. ἠθέλησα, ἠδίκησα. Bei Komposita steht das Augment zwischen Präfix und Grundwort, z. B. προσ-ε-χώρησα. Bei Infinitiv und Partizip gibt es kein Augment.

Man erkennt den Aorist am Kennzeichen σ(α): ἀδικέω ἠδίκη**σα** ἠδίκη**σας** ἠδίκη**σε**(ν) ἠδική**σα**μεν ἠδική**σατε** ἠδίκη**σαν** / Infinitiv: ἀδικῆ**σαι** / Partizip: ἀδική**σας** ἀδική**σασα** ἀδικῆ**σαν**

Der Aorist wird meistens mit Präteritum (= Imperfekt) übersetzt. Er zeigt gewöhnlich den Anfang (ingressiv) oder das Vollendetsein (narrativ, meistens als Erzähltempus) einer Handlung an, manchmal auch Zeitlosigkeit (gnomisch). Als Partizip markiert er in der Regel die Vorzeitigkeit (effektiv), sodass er oft auch mit Plusquamperfekt übersetzt werden kann.

F3 Zerlege

a δια-φέρ-εις – πέμπ-ουσιν / πέμπουσιν (Dat. Pl. des Partizips, aus: πέμποντ-σιν) – ἥδ-εται – φαίν-οντ-ες – γιγνο-μέν-ους – ἥκου-σα – ἐ-δούλευ-σ-ε – λῦ-σαι – δακρύ-σα-ντ-ι – κωλυ-σάσ-ης – ἴσχυ-σα-ν / (Nom./Akk. Sg. n des Partizips) ἴσχυσα-ν – ἐ-μνημονεύ-σα-τε – ἐ-τελεύτη-σα-ς

b Alle Formen bis γιγνομένους sind Präsens, danach handelt es sich um Aoristformen.

F4 Noch Fragen?

	Singular		Plural	
	m/f	n	m/f	n
Nom.	τίς	τί	τίνες	τίνα
Gen.	τίνος	τίνος	τίνων	τίνων
Dat.	τίνι	τίνι	τίσι(ν)	τίσι(ν)
Akk.	τίνα	τί	τίνας	τίνα

S5 Auf den Aspekt kommt es an

b ἠθέλησεν, ἠδίκησεν, ἐτελεύτησεν narrativ – ἀκούσασαι effektiv – ἐδάκρυσαν ingressiv

c Triton ist zu den Nereiden gekommen, weil er ihnen Folgendes sagen wollte: „Euer Meeresungeheuer hat dem Mädchen kein Unrecht getan, sondern es ist selbst gestorben." Als die Nereiden das gehört hatten, brachen sie in Tränen aus (begannen sie zu weinen).

W6 Paarbildung

a γιγνώσκειν • πείθεσθαι – εἶ • ἄρχῃ – ἐθέλει • βούλεται – θάπτετε • ἔρχεσθε – φέρουσιν • ἀποκρίνονται / ὀργιζομένοις – ἐλαύνομεν • γιγνόμεθα – ἄγε • πυνθάνου

b γιγνώσκω erkennen, wissen, beschließen – πείθομαι gehorchen, überredet werden, überzeugt werden – εἰμί sein – ἄρχομαι anfangen – ἐθέλω wollen – βούλομαι wollen – θάπτω bestatten – ἔρχομαι kommen, gehen – φέρω tragen, bringen – ἀποκρίνομαι antworten – ὀργίζομαι zornig werden – ἐλαύνω treiben, vertreiben, ziehen, marschieren – γίγνομαι werden, entstehen, geschehen, gelangen – ἄγω führen, treiben, ziehen, marschieren – πυνθάνομαι sich erkundigen, erfahren

c εἰ wenn – σοῦ Gen. von σύ: Übs. z. B.: dein, von dir

Lektion 12

V1 Gegen den Wind

a ἀπό + Gen. von ... her, seit – εἴτε ... εἴτε ob ... oder – μάχομαι kämpfen – ὁ νόμος Gesetz, Brauch, Sitte – μετά + Gen. mit – τέλος schließlich, endlich – πράττω tun, handeln – προσέρχομαι hin-, herangehen – σπουδάζω sich beeilen, sich ernsthaft bemühen – παλαιός alt

b βασιλεύω König sein, herrschen – ἐνταῦθα dort

F2 Wechsle den Numerus

ἐγώ ἡμεῖς – σοί ὑμῖν – ἐμέ ἡμᾶς – ὑμῶν σοῦ – ἡμῖν ἐμοί / μοι – ἡμᾶς ἐμέ / με – ὑμεῖς σύ

F3 Meins!?

τὸ ἐμὸν ἄντρον – τὴν ἐμὴν εἰκόνα – ὁ ἐμὸς νεανίας – τοὺς ἐμοὺς νόμους – τῷ ἐμῷ λῃστῇ – τὰ ἐμὰ σώματα – τὸν ἐμὸν ἔρωτα – οἱ ἐμοὶ φύλακες – οἱ ἐμοὶ δεσμοί – τῆς ἐμῆς γυναικός

F4 Nenne die Regel

a Gutturale: γ, κ, χ, ττ – Labiale: β, π, φ, πτ – Dentale: δ, τ, θ, ζ

b Guttural + σ wird zu ξ – Labial + σ wird zu ψ – Dental vor σ entfällt.

c ἔβλαψα – ὠνόμασα – ἔστρεψα – ἔβλεψα – ἔπραξα – ἐθαύμασα

F5 Paarbildung

ἔφρασε • βλάπτει – καῦσαι • ἀπαλλάττειν – κρύψας • σπουδάζων – ἐκράτησαν • οἰμώζουσιν – πλευσάσης • βασιλευούσης – ὥρμησας • ἄγεις – ἐπράξαμεν • πιστεύομεν – τελευτήσαντι • μνημονεύοντι

W6 Odysseus und der Kyklop

a 1. μετά + Gen., σύν + Dat. – 2. ἀπό + Gen. – 3. πρός + Akk., ἐπί + Akk. – 4. περί + Dat./Akk.

b ἐν + Dat. in, bei – πρός + Akk. zu ... hin, gegen, für – περί + Gen. über – εἰς + Akk. in, zu, nach, für, gegen – διά + Gen. durch – ὑπό + Gen. von, unter – μετά + Gen. mit – παρά + Dat. bei – ἐπὶ + Akk. zu ... hin, gegen, für – ἀντί + Gen. anstatt – περί + Dat./Akk. um ... herum – κατά + Akk. in, gemäß – σύν + Dat. mit – ἀπό + Gen. von ... her, seit – παρά + Akk. zu ... hin, entlang an, gegen

Lektion 13

V1 Verbvariationen

a **εὑρίσκουσα** Nom. Sg. f des Part. Präs. Akt. – **ἐφράσατο** 3. Sg. Aor. Med. – **ἡγήσαντο** 3. Pl. Aor. Med. – **ἐδέξασθε** 2. Pl. Aor. Med. – **μερισαμένῃ** Dat. Sg. f des Part. Aor. Med. – **μαντευσάντες** Nom. Pl. m des Part. Aor. Akt. – **ἐργαζομένῳ** Dat. Sg. m/n des Part. Präs. Med./Pass. – **ηὐξάμην** 1. Sg. Aor. Med. – **ἔσωσα** 1. Sg. Aor. Akt. – **ἔβλεψας** 2. Sg. Aor. Akt. – **στρέψας** Nom. Sg. m des Part. Aor. Akt.

b εὑρίσκω: finden, erfinden – φράζομαι: bemerken, wahrnehmen, überlegen, beschließen – ἡγέομαι führen, meinen, glauben, für etw. halten – δέχομαι annehmen, aufnehmen – μερίζω teilen – μαντεύομαι weissagen, sich weissagen lassen, das Orakel befragen – ἐργάζομαι arbeiten, machen – εὔχομαι beten, wünschen, geloben – σῴζω retten, bewahren – βλέπω schauen, sehen – στρέφω drehen, sich drehen, wenden, umkehren

c Der Aorist wird gebildet aus Augment (außer Infinitive und Partizipien), Präsensstamm, Aoristkennzeichen und Aoristendung, wobei das Ende des Präsensstammes und das Aoristkennzeichen sich verändern nach den Regeln: Guttural + σ wird zu ξ, Labial + σ zu ψ, Dental vor σ entfällt.

F2 Modusfische

ἐκέλευσεν · ἐδέξατο – ἐνομίσαμεν · ἐπραξάμεθα – νομίσας · μαντευσάμενος – ἐνόμισαν · ηὔξαντο – ἔπραξα · ἡγησάμην – φονεύσαντας · εὐξαμένους – ἐβλάψατε · ἐδέξασθε – ἐνόμισας · ἐφράσω – νόμισον · μάντευσαι – φονεῦσαι · φράσασθαι – καλύψατε · δέξασθε

F3 Triathlon der Verben

a ihr habt das Orakel gefragt – frage das Orakel – Inf. Aor. Med.
wir handeln – handelt – Inf. Aor. Akt.
er (sie, es) fragt das Orakel – Dat. Sg. m/n vom Part. Aor. Med.

b er (sie, es) handelt – handle – Gen. Sg. m/n vom Part. Präs. Med.
du handeltest – fragt das Orakel – Dat. Pl. m/n vom Part. Präs. Akt.
du fragst das Orakel – Inf. Präs. Akt.

c sie fragen das Orakel – frage das Orakel – Inf. Präs. Med.
ihr handeltet – handelt – Dat. Pl. m/n vom Part. Aor. Akt.
er (sie, es) fragte das Orakel – Akk. Sg. f vom Part. Präs. Med.

S4 Wenn das Wörtchen „wenn" nicht wäre …

a Irrealis – Irrealis – Realis

b Apollon: „Wenn ich geglaubt hätte, dass sich die Gesichter unterscheiden, hätte ich nicht gefragt. Aber ich hielt sie für gleich."
Hermes: „Auch ich hätte sie für gleich gehalten, wenn Polydeukes sich nicht die Verletzungen im Gesicht zugezogen hätte. Wenn ich diese gesehen habe, bin ich im Stande, die Namen der Brüder zu nennen."

W/S5 Λόγος

a Und Johannes selbst hörte als Erster das Wort, als es sprach, und sagte, dass Gott das Wort war. *Oder:* Und Johannes hörte das Wort, als es sprach, und sagte selbst als Erster, dass Gott das Wort war.

b Der Autor spielt auf den Anfang des Johannesevangeliums an. Dort bezeichnet der Evangelist Gott als das Wort und greift damit die Vorstellung des „Wortes" als schöpferische Weltvernunft auf. In 6W ist allerdings nicht die Rede davon, dass Johannes „das Wort, als es sprach, hörte".

W6 Billardtisch

a Nom. Sg.: οὐδέν, ἔρως, σῶμα – Dat. Sg.: γυναικί – Akk. Sg.: οὐδέν, εἰκόνα, ἀγῶνα, ἑκόντα, σῶμα – Akk. Pl.: ὀνόματα, πολλά – Dat. Pl.: ἄρχουσιν, φύλαξιν – Nom. Pl.: ὀνόματα, παῖδες

b Zweideutig sind die Neutrumformen οὐδέν, σῶμα, ὀνόματα und πολλά

c ἡ γυνή Frau – τὸ ὄνομα Name – ἄρχω / ὁ ἄρχων anfangen mit, herrschen über / Herrscher, Archont – ὁ ἀγών Wettkampf, Prozess – οὐδείς niemand, kein – ἡ ἀνδρεία Tapferkeit, Mut – ὁ / ἡ παῖς Kind, Sklave, Sohn, Tochter – ἀπάγω wegführen – ὁ ἔρως (leidenschaftliche) Liebe – πολύς viel – οὕτως so – ἡ εἰκών Bild – τὸ σῶμα Körper – ἑκών freiwillig, absichtlich – ὁ φύλαξ Wächter – τὸ ἄντρον Höhle

Lektion 14

V1 Ἄνθεα λόγων: Wortblumen

gelbe Blume: 1 vernichten – 2 erwarten – 3 antworten – 4 entfliehen – 5 hochheben – 6 werfen – 7 annehmen
rosa Blume: 1 Mann – 2 fürchten – 3 Zorn – 4 zusammen – 5 töten – 6 gemein – 7 Zeichen

V2 Gefühle

a Wortfeld „Gefühl": φίλος Freund – μέμφομαι tadeln, sich beklagen – εὐφραίνω erfreuen – μαίνομαι in Ekstase sein, wüten, betrunken sein – φοβέομαι (sich) fürchten – θυμός Mut, Zorn, Leidenschaft, Empfindung, Herz

b Wortfeld „(Kampf und) Krieg": πολέμιος feindlich, Feind – ἀνδρεία Tapferkeit, Mut – φεύγω fliehen – φοβέομαι (sich) fürchten – θυμός Mut, Zorn, Leidenschaft, Empfindung, Herz – μάχομαι kämpfen – μάχη Kampf – ἀποκτείνω töten – δόρυ Speer

F3 Sei schlau und schau auf die Endung

	Singular	Plural
Nom.	χείρ	δυνάμεις
Gen.	θανάτου	νόσων
Dat.	ἀνδρί	δόρασιν
Akk.	φύσιν	δυνάμεις / θῆρας

F/V4 Trojaner auf der Flucht

κλωσεορυφ**διέφθειραν**ςκςδῃδαλι
ςδφςδφςδςδςφςδφςδφεαφκιθων
πηρ**ἡμῶνφευγόντων**ωερςιονευερ
ςε**ἐμέμψω**εδςνλαξ**μιμνῄσκῃ**δςλεε
χεωθχβ**γυναῖκες**θρζηδχωςωαινα
ἡμῶνεὐχομένωνδς**αἱ**ωμμαθθαιος
ςδφσ**ἀπεκρινάμην**δικιιωγιλεωνω
οἱπαῖδεςαφοκδρςτυηκκμκωρευς
αθεμοεβοδδοο**φοβέονται**δςαγαν
λιεβες κ**καὶ**ινδλερνεδνδαςενδετοτ

ἡμῶν φευγόντων ἐμέμψω – ἀπεκρινάμην – διέφθειραν – ἡμῶν εὐχομένων φοβέονται αἱ γυναῖκες καὶ οἱ παῖδες – μιμνήσκῃ

S5 Satzbildung

1 Als ein Bote Alexanders Krankheit gemeldet hatte (K 1, K 2), beteten alle Soldaten zu den Göttern (K 4).
2 Aufgrund der Krankheit Alexanders (K 3) beteten alle Soldaten zu den Göttern (K 4).
3 Ein Bote meldete Alexanders Krankheit (K 2).
4 Darauf beteten alle Soldaten zu den Göttern (K 4).

Zu Satz 1: Der deutsche Temporalsatz kann die Übersetzung eines griechischen Temporalsatzes (K 1) oder eines Genitivus absolutus (K 2) sein.

Zu Satz 1 und 4: Bei der Übersetzung des griechischen Hauptsatzes hängt im Deutschen die Wortstellung davon ab, ob vorher ein Nebensatz steht (wie in Übersetzung 1) oder ein Hauptsatz (wie in Übersetzung 3).

Lektion 15

V1 Ableiten

a 11: συγ-γίγνομαι zusammenkommen, zusammensein – ἀ-δικέω Unrecht tun – προσ-χωρέω herangehen, sich nähern
12: προσ-έρχομαι hingehen, herangehen, angreifen – ἀνα-στρέφω drehen, sich drehen, wenden, umkehren
13: οὔ-ποτε niemals – ἀπο-θνήσκω sterben – ἀ-θανασία Unsterblichkeit
14: ἀπο-κτείνω töten – δια-φεύγω entfliehen, entkommen
15: ἀν-έχω hochhalten

b σύν mit – γίγνομαι werden, entstehen, geschehen, gelangen – ἀ- nicht – προσ- hinzu- – χωρέω gehen – ἔρχομαι kommen, gehen – οὐ nicht – ἀπό von ... her, seit – θάνατος Tod – διά durch – φεύγω fliehen, meiden – ἀνα- hinauf – ἔχω haben, halten, sich verhalten

c συνέρχομαι zusammengehen, zusammenkommen – διαχωρέω durchgehen – ἀνέρχομαι hinaufgehen – ἄπιστος untreu, unzuverlässig
συν-, δια-, ἀν- sind Präpositionen, die mit dem Simplex eine neue Vokabel bilden.
ἀ- ist ein α-privativum, das das Gegenteil des Simplex angibt.

F2 Zerlege

a **Verba vocalia:** ἐμαντεύσαντο von μαντεύομαι weissagen, sich weissagen lassen, das Orakel befragen
Verba muta: ἐδέξατο von δέχομαι annehmen, aufnehmen – μέμφῃ von μέμφομαι tadeln, sich beklagen über – διαφεύγεις von διαφεύγω entfliehen, entkommen – ἤρξατε von ἄρχω anfangen, herrschen – θαυμάσας von θαυμάζω sich wundern, bewundern – ἔβλεψα von βλέπω schauen, sehen
Verba liquida: ἤγγειλαν von ἀγγέλλω melden, berichten – ἀπέκτεινε von ἀποκτείνω töten – ἔμεινας von μένω bleiben, warten, erwarten – αἰσθάνεται von αἰσθάνομαι bemerken, wahrnehmen – ἀγγέλλουσιν von ἀγγέλλω melden, berichten

b ἐ-δέξα-το – ἐ-μαντεύ-σα-ντο – μέμφ-ῃ – ἤγγειλ-αν – ἀπ-έ-κτειν-ε – δια-φεύγ-εις – ἔ-μειν-ας – ἤρξα-τε – θαυμά-σα-ς – αἰσθάν-ε-ται – ἔ-βλεψ-α – ἀγγέλλ-ουσιν

c **ἐδέξατο** 3. Sg. Aor. Med. – ἐ- Augment, -δεξα- Gutturalstamm mit Tempuskennzeichen -σα, -το Endung der 3. Sg. Med. – **ἐμαντεύσαντο** 3. Pl. Aor. Med. – ἐ- Augment, -μαντευ- Stamm, -σα- Tempuskennzeichen Aorist, -ντο Endung der 3. Pl. Med. – **μέμφῃ** 2. Sg. Präs. Med./Pass. – μέμφ- Präsensstamm, -ῃ Endung der 2. Sg. Med./Pass. – **ἤγγειλαν** 3. Pl. Aor. Akt. – ἤ- Augment und Beginn des Stamms, ἤγγειλ- Liquidastamm des Aorists, -αν Endung der 3. Pl. Akt. – **ἀπέκτεινε** 3. Sg. Aor. Akt. – ἀπ- Präfix, -ε- Augment, -κτειν- Liquidastamm des Aorists, -ε Endung des 3. Sg. Akt. – **διαφεύγεις** 2. Sg. Präs. Akt. – διαφευγ- Präsensstamm, -εις Endung der 2. Sg. Akt. – **ἔμεινας** 2. Sg. Aor. Akt. – ἐ- Augment, -μεινα- Liquidastamm des Aorists mit Tempuskennzeichen, -ς Endung der 2. Sg. Akt. – **ἤρξατε** 2. Pl. Aor. Akt. – ἤ- Augment und Beginn des Stamms, ἤρξα- Gutturalstamm des Aorist mit Tempuskennzeichen, -τε Endung der 2. Pl. Akt – **θαυμάσας** Nom. Sg. vom Part. Aor. Akt. – θαυμα- Stamm, -σα- Tempuskennzeichen, -ς Nom. Sg. m des Part. Aor. Akt. – **αἰσθάνεται** 3. Sg. Präs. Med./Pass. – αἰσθαν- Präensstamm, -εται Endung der 3. Sg. Med./Pass. – **ἔβλεψα** 1. Sg. Aor. Akt. – ἐ- Augment, -βλεψ- Labialstamm mit Tempuskennzeichen, -α Endung der 1. Pers. Sg. – **ἀγγέλλουσιν** 3. Pl. Präs. Akt. oder Dat. Pl. m vom Part. Präs. Akt. – ἀγελλ- Präsensstamm, -ουσιν Endung der 3. Pl. Akt. oder Dat. Pl. m des Part. Akt.

F3 Deklination der Liquida

	Singular	Plural
Nom.	θήρ	θῆρες
Gen.	ἀνδρός	θηρῶν
Dat.	ἀνδρί	θηρσίν
Akk.	ἄνδρα	ἄνδρας

F4 Deklination: die ι-Stämme

Die ι-Stämme weichen im Gen. Sg. (πόλεως statt -ος) und Akk. Sg. (πόλιν statt -α) sowie im Nom. und Akk. Pl. (πολεῖς statt -ας) von den gewohnten Formen ab.

F5 Pronomen

a Das Interrogativpronomen (τίς, τίνος usw.) trägt immer den Akut auf der ersten Silbe. Das Indefinitpronomen (τις, τινος usw.) ist ein Enklitikon, lehnt sich also an das vorhergehende Wort an und trägt daher oft keinen Akzent.

b ἐγώ, ἐμοῦ (μου), ἐμοί (μοι), ἐμέ (με) / ἡμεῖς, ἡμῶν, ἡμῖν, ἡμᾶς

c Nom. Sg. in der 2. Pers. σύ. Sonst in der 2. Pers. zu Beginn im Sg. σ- statt μ-, im Pl. ὑ- statt ἡ-. Bei den betonten Formen im Sing. entfällt bei der 1. Pers. ἐ-.

S6 Aspekte

a Aspekte: effektiv, ingressiv, narrativ

b Geeignete Beispiele: 11L, Z. 11–17: Hauptsatzprädikate narrativ, Partizipien (Z. 15 und 17) effektiv, Nebensatzprädikat (Z. 16) effektiv oder ingressiv („Als das Ungeheuer sich zu nähern begann …"). 12 L, Z. 6–17: Hauptsatzprädikate narrativ, Partizipien (Z. 6, 9, 14 und 17) effektiv, Nebensatzprädikate ingressiv (Z. 8, 16; Z. 16 auch effektiv möglich)

S7 Polyphem und Odysseus

a ἀπαλλαξαμένων ist das Partizip im Genitiv, Τῶν δ' ἀνθρώπων das Beziehungswort in KNG-Kongruenz, ἐκ τοῦ ἄντρου gehört ebenfalls zum Gen. abs. Es empfiehlt sich eine Übersetzung mit Unterordnung (Temporalsatz) oder besser (da vorher schon ein Temporalsatz steht) Beiordnung. Dabei wird jeweils das Partizip zum Prädikat (Vorzeitigkeit bei Part. Aor. beachten!), das Beziehungswort zum Subjekt: „Nachdem die Menschen sich aber aus der Höhle befreit hatten, …" bzw. „Die Menschen befreiten sich aus der Höhle. Da …".

b τὸ ὄμμα

c Als Polyphem die Männer des Odysseus getötet hatte, machte Odysseus den Kyklopen am Auge blind. Die Menschen befreiten sich aus der Höhle. Da betete Polyphem zu seinem Vater: „Jener Odysseus hat mir Schaden zugefügt; so will ich, dass du dich an ihm rächst!"

Lektion 16

V1 Vokabelmemory

ἀληθῶς wirklich – ἄμφω beide – ἀποκτείνω töten – αὖ wieder – δέχομαι an-, aufnehmen – δύναμις Macht, Kraft, Fähigkeit – ἐκεῖ dort – ἐπιμελέομαι sich kümmern um – ἔτι noch – εὐδαίμων glücklich, wohlhabend – ἡ φύσις Natur – μᾶλλον mehr – μνημονεύω sich erinnern – μικρός klein, wenig – μόνον nur – παρά + Dat. bei – παύομαι aufhören mit – φρόνιμος vernünftig, klug – χρή es ist nötig, man soll

V2 Verschaffe dir Überblick

δοκέω meinen, scheinen – δεῖ es ist nötig, man muss – ἀπορέω ratlos sein – ποιέω machen, tun – δέομαι m. Gen. brauchen, nötig haben, bitten – βοηθέω helfen – μισέω hassen – συγχωρέω erlauben, vereinbaren mit – ἀδικέω Unrecht tun – θεωρέω anschauen, überlegen – χωρέω gehen – ἐλεέω m. Akk. Mitleid haben mit jd. – προσχωρέω herangehen, sich nähern – κρατέω beherrschen, besiegen – ἡγέομαι führen, meinen, glauben, für etwas halten – φοβέομαι fürchten, sich fürchten – λυπέω betrüben, jd. Leid antun – ἀμελέω m. Gen. vernachlässigen, sich um etwas nicht kümmern – εὐεργεσίαν εὐεργετέω eine gute Tat vollbringen – ἐπιμελέομαι m. Gen. sich kümmern um

F3 Sortiere

a

	Positiv	Komparativ	Superlativ
Nom.	μικρά		εὐδαιμονεστάτη
Gen.	ἀγαθῶν	δεινοτέρου πιστοτέρων	
Dat.		καθαρωτέρῳ	ἀρίστῳ
Akk.	φρονίμους	χρησιμώτερα	λοιποτάτας

b νίκη Sieg – ἤγγειλα (von ἀγγέλλω) melden, berichten

F4 Schaffe Ordnung

	Aktiv		Medium	
	Sg.	Pl.	Sg.	Pl.
1. P.		ποιοῦμεν		
2. P.	συγχωρεῖς	θεωρεῖτε	ἡγῇ	φοβεῖσθε
3. P.	δοκεῖ		δεῖται	
Imp.	λύπει	θεωρεῖτε	ἡγοῦ	φοβεῖσθε
Inf.	ἐπιμελεῖν		φοβεῖσθαι	
Part.	βοηθοῦντα		ἀμελουμένη	

S5 Sokrates spricht

a 1. Mehr als die anderen Menschen kümmere ich mich um die Seele.
2. Ich sage Folgendes: Werdet möglichst gut und vernünftig.
3. Erkennt nun, dass viele bewirken, dass ihr glücklicher als die anderen zu sein scheint.
4. Ich aber tue nichts anderes als euch die größte Wohltat zu erweisen.
5. Ja, ich überzeuge sowohl die Jüngeren als auch die Älteren, sich nicht um Körper und nicht um Geld zu kümmern.

b 1. Μᾶλλον (Komp.) τῶν ἄλλων ἀνθρώπων (Gen. comp.) ἐπιμελοῦμαι τῆς ψυχῆς (Gen. Obj.).
2. Λέγω δὲ τάδε· Γίγνεσθε ὡς ἄριστοι (Sup.) καὶ φρονιμώτατοι (Sup.).
3. Γιγνώσκετε οὖν, ὅτι πολλοὶ ὑμᾶς ποιοῦσιν εὐδαιμονεστέρους (Komp.) τῶν ἄλλων (Gen. comp.) δοκεῖν εἶναι.
4. Ἐγὼ δὲ οὐδὲν ἄλλο πράττω ἢ τὴν μεγίστην (Sup.) εὐεργεσίαν εὐεργετεῖν ὑμῖν.
5. Πείθω δὴ καὶ νεωτέρους (Komp.) καὶ πρεσβυτέρους (Komp.) μήτε σωμάτων (Gen. Obj.) ἐπιμελεῖσθαι μήτε χρημάτων (Gen. Obj.).

W6 Ohne Aorist geht nichts

a Aktiv: ἔπληξας – ἤγγειλε – ἐποίησαν – διεφθείραμεν – φήνας – ἀποκτείναντα
Medium: ἐπαύσατο – ἐλυπήσαντο – ἐφράσου – ἡγησαμένῳ – ἐδέξασθε – εἰργασάμεθα – μάντευσαι

b πλήττω schlagen – ἀγγέλλω melden, berichten – ποιέω machen, tun – διαφθείρω vernichten – φαίνω sichtbar machen, zeigen, leuchten – ἀποκτείνω töten – παύομαι aufhören – λυπέω betrüben, Leid antun – φράζω zeigen, sagen – ἡγέομαι führen, meinen, glauben, halten für – δέχομαι annehmen, aufnehmen – ἐργάζομαι arbeiten, verfertigen – μαντεύομαι weissagen, sich weissagen lassen, das Orakel befragen

c Aktiv: ἔπληξας 2. Sg. – ἤγγειλε 3. Sg. – ἐποίησαν 3. Pl. – διεφθείραμεν 1. Pl. – φήνας Nom. Sg. m Part. – ἀποκτείναντα Akk. Sg. m / Nom. u. Akk. Pl. n Part.
Medium: ἐπαύσατο 3. Sg. – ἐλυπήσαντο 3. Pl. – ἐφράσου 2. Sg. – ἡγησαμένῳ Dat. Sg. m/n Part. – ἐδέξασθε 2. Pl. – εἰργασάμεθα 1. Pl. – μάντευσαι Imp. Sg.

Lektion 17

V1 Vokabelblumen

gelbe Blume: 1 betrachten – 2 versprechen – 3 ankommen – 4 verachten – 5 überlegen – 6 fallen
rosa Blume: 1 berühmt – 2 oft – 3 Freundschaft – 4 möglichst – 5 List

F2 Erkläre

a Augment + Präsensstamm + Endungen -ον, -ες, -ε(ν), -ομεν, -ετε, -ον

b Der Irrealis wird im Hauptsatz mit ἄν + Indikativ Aor. oder Impf. angezeigt; in dem Konditionalsatz steht εἰ + Ind. Aor. oder Impf. Dabei bezeichnet der Aorist i. d. R. den Irrealis der Vergangenheit, das Imperfekt i. d. R. den Irrealis der Gegenwart.

F3 Einordnen

	Singular	Plural
1. Pers.	ἐσκόπουν, ἦν	---
2. Pers.	ἦγες	εἴχετε
3. Pers.	ἦρχε, ἦν	ἐσκόπουν, ἦσαν

S4 Aspekte

Δύο φίλοι τὴν αὐτὴν ὁδὸν ἐβάδιζον (durativ). Ἄρκτου δὲ αὐτοῖς ἐπιφανείσης (ingressiv oder effektiv), ὁ μὲν εἷς φθάσας ἀνέβη (effektiv-narrativ) ἐπί τι δένδρον καὶ ἐνταῦθα ἐκρύπτετο (durativ)· ὁ δὲ ἕτερος πεσὼν (effektiv) ἑαυτὸν νεκρὸν προσεποιεῖτο (durativ). Τῆς δὲ ἄρκτου προσενεγκούσης (ingressiv) αὐτῷ τὸ ῥύγχος καὶ περιοσφραινομένης (durativ), τὰς ἀναπνοὰς συνεῖχε (durativ)· φασὶ (Zeitlosigkeit) γὰρ νεκροῦ μὴ ἅπτεσθαι (Zeitlosigkeit) τὸ ζῷον.
Ἀπαλλαγείσης (effektiv) δέ, ὁ ἀπὸ τοῦ δένδρου καταβὰς (effektiv) ἐπυνθάνετο (iterativ) τοῦ ἑτέρου, τί ἡ ἄρκτος πρὸς τὸ οὖς εἰρήκει. Ὁ δὲ εἶπε (effektiv-narrativ), τοῦ λοιποῦ τοιούτοις μὴ συνοδοιπορεῖν (Zeitlosigkeit) φίλοις, οἳ ἐν κινδύνοις οὐ παραμένουσιν (Zeitlosigkeit).

W5 Pronomen

a

	1. Person		2. Person		3. Person	
	Sg.	Pl.	Sg.	Pl.	Sg.	Pl.
Nom.	ἐγώ	ἡμεῖς	σύ	ὑμεῖς	---	---
Gen.	ἐμοῦ, μου	ἡμῶν	σοῦ, σου	ὑμῶν	αὐτοῦ, αὐτῆς	αὐτῶν
Dat.	ἐμοί, μοι	ἡμῖν	σοί, σοι	ὑμῖν	αὐτῷ, αὐτῇ	αὐτοῖς, αὐταῖς
Akk.	ἐμέ, με	ἡμᾶς	σέ, σε	ὑμᾶς	αὐτόν, αὐτήν	αὐτούς, αὐτάς

b Possessivpronomen der 1. Person: ἐμός, ἐμή, ἐμόν – ἡμέτερος, ἡμετέρα, ἡμέτερον
Possessivpronomen der 2. Person: σός, σή, σόν – ὑμέτερος, ὑμετέρα, ὑμέτερον

Lektion 18

V1 Spinnennetz

1 wegen – 2 bekommen – 3 angesehen – 4 aushalten – 5 gehorchen – 6 die Besten – 7 ausüben – 8 Arbeiten – 9 betrachten – 10 Flotten – 11 schmücken – 12 glauben

V2 Bedeutungen erschließen

a **φιλοσοφέω** (philosophieren, sich mit philosophischen Fragen beschäftigen): φίλος (Freund), σοφός (weise), σοφία (Weisheit) – **εὐδόκιμος** (angesehen): εὖ (gut), δοκέω (scheinen), δόξα (guter Ruf, Ruhm) – **διαφεύγω** (entfliehen, entkommen): διά (durch), φεύγω (fliehen) – **ἀθανασία** (Unsterblichkeit): ἀ- (nicht, un-), θάνατος (Tod) – **προσέρχομαι** (hingehen, herangehen, angreifen): πρός (zu … hin, gegen, für), ἔρχομαι (kommen, gehen) – **συγγίγνομαι** (zusammenkommen, zusammensein): σύν (mit), γίγνομαι (werden, entstehen, geschehen, gelangen) – **προσχωρέω** (herangehen, sich nähern): πρός (zu … hin, gegen, für), χωρέω (gehen)

b ἡ φυγή Flucht – ἡ εὐθανασία guter Tod – ἡ εὐδοξία guter Ruf, Ansehen – ἡ ἀδοξία schlechter Ruf

F3 Beziehung ist alles

ἡγεμόνες: οἵ, οἵτινες – δοξῶν: ὧν, ὧντινων – Ἑλλήνων: ὧν, ὧντινων – συνέσεως: ἧς, ἧστινος – πατράσιν: οἷς, οἷστισι(ν) – πατρίδι: ᾧ, ᾧτινι – εὐεργέτης: ὅς, ὅστις – δυνάμει: ᾗ, ᾗτινι – θήρας: ἧς, ἧστινος, ἅς, ἅστινας

S4 Die Rede des Kallias

a οἵ Nom. Pl. m – ἅτινα Nom. Pl. n – οὕς Akk. Pl. m – ὅς Nom. Sg. m – ὑφ᾽ οὗ Gen. Sg. m – ᾧ Dat. Sg. m

b μοι καὶ τοῖς ἄλλοις φίλοις, οἵ … – περὶ πολλῶν …, ἅτινα – περὶ τούτων τῶν ἀνθρώπων, οὕς … – τὸν Θεμιστοκλέα …, ὅς … – τὸν Περικλέα, ὑφ᾽ οὗ … – τὸν Σόλωνα, ᾧ …

c Sokrates, als du mit mir zusammenwarst und mit den anderen Freunden, die dir folgten, redetest du über vieles, was der Vortrefflichkeit zukommt. Sehr viel aber sagtest du über diese Menschen, von denen du glaubtest, dass sie durch ihre Vortrefflichkeit die Freunde und das Vaterland gut machten. Wenn wir uns nämlich bemühen, diese nachzuahmen, müssen wir Themistokles betrachten, der Griechenland frei gemacht hat, Perikles betrachten, unter dem die Stadt sehr groß und berühmt war, aber auch Solon betrachten, dem die Athener die Versöhnung der Bürger anvertrauten.

W5 Veränderungen

	Singular	Plural
1.	ἤγγειλα	
2.		
3.		ἀπέκτειναν
Inf.	φῆναι	
Part.	ἀποκρινάμενος, διαφθείρας	

	Singular	Plural
Nom.		
Gen.	θηρός	
Dat.	χειρί	
Akk.	πατέρα	

Lektion 19

V1 Kreuzworträtsel

senkrecht: 1 Schulter – 2 loben – 3 vielleicht – 4 Kranz – 5 dann – 7 etwa – 12 gerecht
waagerecht: 6 geringer – 8 Athlet – 9 klar – 10 bevor – 11 bringen – 13 hoffen – 14 seitdem

F2 Immer mehr

Positiv: εὐδοκίμους – λυπηρῶν – καρτερῷ
Komparativ: μείζω – κρείττους – χείρονος – ἐλευθερωτέρου; Positiv dazu: μέγας (groß) – καρτερός (stark) / ἀγαθός (gut) – ἐλεύθερος (frei)
Superlativ: πλεῖστοι – κρατίστας; Positiv dazu: πολύς (viel) – καρτερός (stark)
Weitere Wörter: βίους (Akk. Pl. m) – πλήθους (Gen. Sg. n) – κρίνω (1. Sg. Präs. Akt.) – στέφανος (Nom. Sg. m)

F3 Regelmäßige Unregelmäßige

μέγας – μείζων, μεῖζον – μέγιστος
ἀγαθός – κρείττων, κρεῖττον – κράτιστος

F4 Stelle zusammen

a Endungen: -τερος, -τατος / -(ι)ων, -(ι)ον; -(ι)στος (Endungen auf -ος nach der 1./2. Dekl., sonst 3. Dekl.)

b Besondere Formen beim Komparativ -(ι)ων, -(ι)ον: Akk. Sg. m/f z. B.: κρείττ**ονα**, κρείττ**ω**, Nom./Akk. Pl. m/f (bzw. n) neben der in der 3. Dekl. üblichen Form: κρείττ**ους** (bzw. κρείττ**ω**)

c Übersetzung des Komparativs: mit Komparativ, wenn ein Vergleichsobjekt vorhanden ist (mit ἤ oder Genitiv des Vergleichs, z. B. κρείττων ἤ besser als); sonst Übersetzung mit „ziemlich" (κρείττων ziemlich gut)
Übersetzung des Superlativs: wird nach Artikel mit Superlativ übersetzt (ὁ κράτιστος der Beste), ohne Artikel mit Elativ (κράτιστος sehr gut)

W5 Lernen in Reihen: Korrelativa

a ποῖος wie beschaffen – πόσος wie groß – ὅδε dieser (hier), folgender – ὅς der – ὅστις der, wer auch immer – τίς wer – τοιοῦτος so beschaffen – τοσοῦτος so groß

b

demonstrativ	relativ	interrogativ
ὅδε	ὅς	
	ὅστις	τίς
τοιοῦτος		ποῖος
τοσοῦτος		πόσος

c ὅδε: Artikel + -δε – ὅστις: Relativpronomen + Formen von τις – τοιοῦτος und τοσοῦτος: τοι- bzw. τοσ- + Formen von οὗτος (wobei anlautendes τ- entfällt)

Lektion 20

F2 Tempora

a **Futur:** Präsensstamm + σ + Präsensendungen – **Imperfekt:** Augment + Präsensstamm + Imperfektendungen (-ον, -ες, -ε(ν), -ομεν, -ετε, -ον / -ομην, -ου, -ετο, -ομεθα, -εσθε, -οντο) – **Aorist:** Augment + Aoriststamm + σ + Aoristendungen (-α, -ας, -ε(ν), -αμεν, -ατε, -αν / -αμην, -ω, -ατο, -αμεθα, -ασθε, -αντο); Partizipien und Infinitiv ohne Augment

b

Präsens	Zeitlosigkeit	Dauer (durativ)	Wiederkehr (iterativ)
Imperfekt	Dauer (durativ)	Wiederkehr (iterativ)	manchmal Versuch (konativ)
Aorist	Anfang (ingressiv)	Ende (effektiv)	Erzähltempus (narrativ)

F3 Zeitstufen

a **Präsens:** ἀμύνουσιν, ἐπαινεῖ, φέρων, ἀνέχεσθε; **Futur:** τιμωρήσεις, βλάψει, ἐλπίσομεν, προθυμήσονται; **Imperfekt:** ἐδίωκε, ὑπήκουες, ἐσκόπουν; **Aorist:** ἤρξαντο, ἁρπάσας, ἀπέτρεψας, φιλοσοφήσασα, ἐκρίνατε

b **Verba vocalia:** τιμωρήσεις, ἐπαινεῖ, φιλοσοφήσασα, προθυμήσονται, ὑπήκουες, ἐσκόπουν – **Verba muta:** βλάψει, ἤρξαντο, ἁρπάσας, ἐδίωκε, ἀπέτρεψας, ἐλπίσομεν, ἀνέχεσθε – **Verba liquida:** ἀμύνουσιν, φέρων, ἐκρίνατε

c **Futur:** Kein Augment, Präsensstamm, Kennzeichen σ, Präsensendung – **Imperfekt:** Augment, Präsensstamm, Imperfektendung – **Aorist:** Augment (außer Infinitiv und Partizip), Aoriststamm, Aoristendung d τιμωρέω beistehen, rächen, sich rächen – ἀμύνω abwehren, helfen – βλάπτω schädigen – ἄρχομαι anfangen – ἁρπάζω rauben, an sich reißen – διώκω verfolgen – ἀποτρέπω abwenden, abschrecken – ἐλπίζω hoffen, erwarten –ἐπαινέω loben – φέρω tragen, bringen – φιλοσοφέω philosophieren, sich mit philosophischen Fragen beschäftigen – ἀνέχομαι aushalten – προθυμέομαι bereit sein, sich bemühen – ὑπακούω gehorchen – κρίνω unterscheiden, beurteilen, richten – σκοπέω betrachten, prüfen

F4 Steigerung

Positiv	Komparativ	Superlativ
δεινούς	δεινοτέρους	δεινοτάτους
μεγάλοι	μείζονες / μείζους	μέγιστοι
νέῳ	νεωτέρῳ	νεωτάτῳ
ἀγαθῶν (καρτερῶν)	κρειττόνων	κρατίστων
εὐδαίμονες	εὐδαιμονέστεροι	εὐδαιμονέστατοι
σώφροσι(ν)	σωφρονεστέροις	σωφρονεστάτοις

F5 Paarbildung

a Relativpronomen und Beziehungswort stimmen in Genus und Numerus, aber nicht notwendig im Kasus überein.

b δόλου, ὅς – νίκην, ἥ – ἀνδράσι, οἵτινες – συνουσιῶν, ἅστινας – σταδίοις, ἅ – δόρατι, ὅτι

S6 Konditionalsätze

Realis: Nebensatz mit εἰ und Prädikat im Indikativ, Hauptsatz mit Prädikat im Indikativ – **Irrealis der Vergangenheit:** Nebensatz mit εἰ und Prädikat im Indikativ Aorist, Hauptsatz mit Prädikat im Indikativ Aorist und ἄν – **Irrealis der Gegenwart:** Nebensatz mit εἰ und Prädikat im Indikativ Imperfekt, Hauptsatz mit Prädikat im Indikativ Imperfekt und ἄν

S7 Lob auf Athen

a
1. Es handelt sich um ein Satzgefüge (Nebensatz, eingeleitet mit Ἐπεί γε, und Hauptsatz).
2. Prädikat des Nebensatzes ist (οὕτως) εἶχε, Subjekt τοῦτο. Vorläufige Übs. demnach: „Gerade weil sich dies (so) verhielt, ...".
3. Prädikat des Hauptsatzes ist ἐξῆν („..., war es möglich ..."). Neben diesem Wort muss eine Infinitivkonstruktion oder ein AcI als Subjekt stehen. Der Infinitiv lautet ποιήσασθαι; dieses Wort erfordert ein Akkusativobjekt, hier καὶ φιλίας ... πιστοτάτας καὶ συνουσίας παντοίας, sodass kein Subjektsakkusativ und damit auch kein AcI vorliegt, sondern eine Infinitivkonstruktion: „... sehr zuverlässige Freundschaften zu schließen und Zusammenkünfte verschiedenster Art zustande zu bringen".

b Nebensatz: Prädikat: (οὕτως) εἶχε – Subjekt: τοῦτο
Objekt: --- – Adverbiale: πολὺν χρόνον
Hauptsatz: Prädikat: ἐξῆν – Subjekt: καὶ φιλίας ποιήσασθαι πιστοτάτας καὶ συνουσίας παντοίας – Objekt: (zu ποιήσασθαι) καὶ φιλίας ... πιστοτάτας καὶ συνουσίας παντοίας – Adverbiale: μάλιστα παρὰ τοῖς Ἀθηναίοις

c πλεῖστα: πολλά – κάλλιστα: καλά – μείζονες: μεγάλοι – πιστοτάτας: πιστάς – μάλιστα: μάλα

d Die Griechen glaubten, dass Athen sehr viele und sehr schöne Attraktionen habe, Wettkämpfe waren in der ganzen Stadt ziemlich bedeutend. Deshalb war die Menge derjenigen, die kamen, so groß, dass Athen als Bildungsstätte Griechenlands galt. Gerade weil sich dies lange Zeit so verhielt, war es bei den Athenern am ehesten möglich, sehr zuverlässige Freundschaften zu schließen und Zusammenkünfte verschiedenster Art zustande zu bringen.

Lektion 21

V1 Rätselkamm

1 Eins – 2 Mörder – 3 bekommen – 4 vollenden – 5 dennoch – 6 sehen – 7 Sache – 8 traditionell – 9 lieben – 10 berechnen – 11 zugleich – 12 schädigen – 13 weise – 14 maßvoll – 15 unbesonnen – 16 sagen – 17 tapfer
Lösung: Erkenne dich selbst!

F2 Erkläre und verstehe

Die Aorist-II-Form erkennt man an der Abfolge Augment + Aoriststamm + Imperfektendung. Imperativ, Infinitiv und Partizip werden ohne Augment gebildet, hier folgen dem Aoriststamm die Präsensendungen, teilweise mit anderer Akzentuierung (besonders Infinitiv -εῖν, Partizip -ών, -οῦσα, -όν). Die Übersetzung erfolgt unter Berücksichtigung der schon bekannten Aspekte (ingressiv, effektiv, narrativ).

F3 Fülle aus

	Singular	Plural
1. P.	εἶπον	---
2. P.	ἥμαρτες	ἤλθετε
3. P.	εἶπε	εἶπον
Inf.	θανεῖν	
Part.	ἐλθοῦσαν, θανόντα, τυχόντες	

S4 Sterben ist schwer

a Τὸ μὲν ἀποθνήσκειν: Nom. Sg. – τὸ ὑπερθνήσκειν ἄλλου τινός: Nom. Sg. – τὸ γὰρ ζῆν: Nom. Sg. – Τῷ δὲ θανεῖν: Dat. Sg. – τοῦ εὖ ζῆν: Gen. Sg.

b κακόν Positiv – χεῖρον Komparativ – μικρόν Positiv – γλυκύ Positiv – κάλλιστον Superlativ

c Pheres sagte zu Admet: „Das Sterben ist schlecht, schlechter aber ist es, für einen anderen zu sterben, mein Sohn. Denn das Leben ist kurz, aber doch süß. Durch das Sterben gehen alle Dinge zugrunde. Da dies sich nun so verhält, ist es für einen/den Mann das Schönste, sich um ein gutes/das gute Leben zu kümmern."
(Beide Artikel im letzten Satz haben generalisierende Funktion und können daher mit unbestimmtem Artikel übersetzt werden.)

W5 Durch die Zeiten

a **Präsens:** δοκεῖ, ἀμύνουσιν – **Imperfekt:** ὤφειλον, ἐτέλουν – **Futur:** ἀλγήσω, βήσεται, βλάψουσιν – **Aorist:** ἐλθεῖν, ἔθανε, ἥμαρτον, τυχόν, ἔμεινας, ἤγγειλε

b **Präsens:** δοκεῖ: 3. Sg. Akt. von δοκέω scheinen, meinen bzw. δοκεῖ es scheint gut, man beschließt – ἀμύνουσιν: 3. Pl. / Dat. Pl. m/n des Part. Akt. von ἀμύνω abwehren, helfen – **Imperfekt:** ὤφειλον: 1. Sg./3. Pl. Akt. von ὀφείλω schulden, sollen – ἐτέλουν: 1. Sg./3. Pl. Akt. von τελέω vollenden, bezahlen – **Futur:** ἀλγήσω: 1. Sg. Akt. von ἀλγέω Schmerzen haben – βήσεται: 3. Sg. Med. von βαίνω gehen – βλάψουσιν: 3. Pl. / Dat. Pl. m/n des Part. Akt. von βλάπτω schädigen – **Aorist:** ἐλθεῖν: Inf. Akt. von ἔρχομαι kommen, gehen – ἔθανε: 3. Sg. Akt. von θνήσκω sterben – ἥμαρτον: 1. Sg./3. Pl. Akt. von ἁμαρτάνω einen Fehler machen, verfehlen – τυχόν: Nom./Akk. Sg. n des Part. Akt. von τυγχάνω erreichen, bekommen – ἔμεινας: 2. Sg. Akt. von μένω bleiben, warten, erwarten – ἤγγειλε: 3. Sg. Akt. von ἀγγέλλω melden, berichten

W6 Aoristvariationen

Aorist I (Schwacher Aorist): ὑπήκουσα
Bildung bei Verba vocalia mit σ(α): ἐτέλησα
Bildung bei Verba muta auf Guttural mit ξ(α): ἦρξαν
Bildung bei Verba muta auf Labial mit ψ(α): ἐτρέψατε
Bildung bei Verba muta auf Dental mit σ(α): ἐλογίσατο
Bildung bei Verba liquida ohne σ: ἤγγειλα
Aorist II (Starker Aorist):
Bildung mit Imperfektendung nach Aoriststamm: εἴπομεν

Lektion 22

V1 Erkenne das Wort

τὸ κάλλος Substantiv zu καλός (schön, gut), also: „Schönheit" – **ἀμαθής** Adjektiv, gebildet aus ἀ- und μανθάνω (lernen, begreifen), also: „nicht lernend, nicht begreifend" bzw. Lernbedeutung: „unwissend" – **ἡ βοή** Substantiv zu βοάω schreien, also „Schrei" – **δυστυχής** Adjektiv, gebildet aus δυσ- (miss-) und τύχη (Schicksal, Zufall) also: „mit einem schlechten Schicksal geschlagen" bzw. Lernbedeutung: „unglücklich" – **ἡ τιμωρία** Substantiv zu τιμωρέω (beistehen, rächen, sich rächen), also: „Rache, Hilfe" bzw. Lernbedeutung: „Rache, Strafe" – **ἡ ἀδελφή** weibliche Form zu ἀδελφός (Bruder), also: "Schwester" – **ἡ θεά** weibliche Form zu θεός (Gott), also: „Göttin" – **σύμμαχος** gebildet aus σύν (mit) und μάχη (Kampf), also: „Mitkämpfer, mitkämpfend" bzw. Lernbedeutung: „verbündet, Verbündeter" – **τὸ ἄλγος** Substantiv zu ἀλγέω (Schmerzen haben), also: „Schmerz"

V2 Wörter kennen, ohne zu lernen!

προβαίνω vorangehen – ἐξαιρέω herausnehmen – ἀπαμύνω abwehren – καταβαίνω hinabgehen – ὁ πρόμαχος Vorkämpfer – ἐξαρπάζω herausreißen, rauben – προπέμπω voranschicken – ἀπελαύνω wegtreiben, vertreiben, wegziehen, abmarschieren – ἐξάγω herausführen – κατάγω herabführen, herabziehen – περιβαίνω herumgehen – προοράω vor (sich) sehen, vorhersehen – ἐκπίπτω herausfallen – ἀπορίπτω wegwerfen – περιέρχομαι herumgehen – περισκοπέω sich umsehen – ἐκστρέφω herausdrehen – ἀποπλέω wegfahren, absegeln – ἐκπλέω auslaufen, absegeln – κατατρέχω herablaufen – προέρχομαι vorangehen
(Falls du ein Griechisch-Lexikon benutzen kannst, kannst du weitere von dir gefundene Bedeutungen überprüfen.)

F3 Beziehungsprobleme?!

1. Pers.: ἐμαυτοῦ, -ῷ usw. – 2. Pers.: σαυτοῦ usw. – 3. Pers.: ἑαυτοῦ od. αὑτοῦ usw. – auf Subjekt desselben Satzes bezogen – Übers. z. B.: (ich) mich, (du) dich, (er, sie) sich

F4 Aktiv oder Medium?

a

	Aktiv		Medium	
	Sg.	Pl.	Sg.	Pl.
1. P.	εἶπον	ἐλάβομεν	ἐσχόμην	ἐτυχόμεθα
2. P.	ἦλθες	ἡμάρτετε	ᾔσθου	ᾔσθεσθε
3. P.		εἶπον		ἠγάγοντο
Inf.	ἀποθανεῖν		ἀγαγέσθαι	

b ἐσχόμην von ἔχω haben, halten, sich verhalten – ᾔσθου von αἰσθάνομαι bemerken, wahrnehmen – ἐλάβομεν von λαμβάνω nehmen, ergreifen, bekommen – ἠγάγοντο von ἄγω führen, treiben, ziehen, marschieren – εἶπον von λέγω sagen, reden, nennen – ἐτυχόμεθα von τυγχάνω erreichen, bekommen – ἡμάρτετε von ἁμαρτάνω einen Fehler machen, verfehlen – ἀποθανεῖν von ἀποθνῄσκω sterben – ἦλθες von ἔρχομαι kommen, gehen – ᾔσθεσθε von αἰσθάνομαι bemerken, wahrnehmen – ἀγαγέσθαι von ἄγω führen, treiben, ziehen, marschieren

F5 Sortiere und erkenne

a

	Sg.	Pl.
Nom.	Σωκράτης	ἀμαθεῖς
Gen.	κάλλους	ἀλγῶν
Dat.	ἀληθεῖ	δυστυχέσιν
Akk.	Σωκράτην	ἀμαθεῖς

b Intervokalisches σ entfällt (außer Dat. Pl.), dann: ε + ο → ου; ε + ε → ει; ε + ω → ω

c Σωκράτην: Akk. Sg. wie bei a-Dekl.

W6 Immer mehr

a **Komparativ:** ἀμείνω, οἰκειοτέρῳ, σοφωτέρους, μείζους, χείρονι, κρειττόνων – **Superlativ:** ἀληθέστατος, μάλιστα, πλεῖστοι, κρατίστας

b **ἀμείνω** Akk. Sg. m/Nom./Akk. Pl. n von ἀγαθός gut – **οἰκειοτέρῳ** Dat. Sg. m/n von οἰκεῖος zum Haus gehörig, verwandt, eigen – **ἀληθέστατος** Nom. Sg. m von ἀληθής wahr – **σοφωτέρους** Akk. Pl. m von σοφός weise, klug – **ἀνδρεῖοι** Nom. Pl. m von ἀνδρεῖος tapfer – **μάλιστα** Adv. am meisten, ganz besonders – **μείζους** Nom./Akk. Pl. m/f von μέγας groß – **μέση** Nom. Sg. f von μέσος mitten, mittlerer – **χείρονι** Dat. Sg. m/f/n von κακός schlecht – **κρειττόνων** Gen. Pl. m/f/n von ἀγαθός gut oder καρτερός stark – **λυπηρῶν** Gen. Pl. m/f/n von λυπηρός leidvoll, schmerzlich, betrübt – **νέος** Nom. Sg. m jung, neu – **πλεῖστοι** Nom. Pl. m von πολύς viel – **κρατίστας** Akk. Pl. f von ἀγαθός gut oder καρτερός stark

Lektion 23

V1 Wortschlange

a πραγμα – αισθανομαι – να – προτερον – εκλαυσα – αληθεύω – ειλον – τελος – εαν – εγενομην – σφοδρα – επεσον – μονος

b τὸ πρᾶγμα Sache, Tat – αἰσθάνομαι bemerken, wahrnehmen – πρότερον früher, eher – κλαίω weinen, beweinen – ἀληθεύω die Wahrheit sagen – αἱρέω nehmen, ergreifen – τὸ τέλος Ende, Zweck – ἐάν wenn – γίγνομαι werden, entstehen, geschehen, gelangen – σφόδρα sehr – πίπτω fallen – μόνος allein

F2 Bilde das Schema

a

	Sg.	Pl.
1. P.	ἀληθεύω	ὦμεν
2. P.	ᾖς	παύητε
3. P.	ἀποκτείνῃ	διάγωσιν

b Konjunktiv erkennt man – abgesehen von der 1. Pers. Sg. – an dem gedehnten Themavokal (den Buchstaben -ω- und -η- vor der Endung).

F3 Sortiere und ergänze

a **Präsens:** ἀληθεύητε – χαίρῃ – ἀποστερῶμεν – παύωσιν – διάγωμεν – ὀφείλω – **Aorist:** τελήσῃς – τύχῃ – θανῶ – ἔλθητε – λάβωμεν

b ἠληθεύσωσιν

S4 Ärger mit einem Gott

a ἀποκτείνωσιν: 3. Pl. Präs. – ἀτιμάζῃ: 3. Sg. Präs.

b Finalsatz, eingeleitet durch ἵνα – Eventualis, eingeleitet durch ἐάν, bei zukünftiger Handlung im übergeordneten Satz

c Pentheus glaubte, dass Dionysos kein Gott sei. Der aber machte die Frauen der Thebaner rasend, damit sie jenen töteten. Auf diese Weise wollte der Gott die Menschen lehren, dass äußerst Furchtbares geschehen werde, wenn jemand ihn verächtlich behandele.

S5 Himmel und Erde

a **Realis:** Nebensatz: εἰ + Indikativ: εἶπον (Aorist), πιστεύετε (Präsens) – **Eventualis:** ἐάν + Konjunktiv: εἴπω (Aorist), Hauptsatzhandlung in der Zukunft, hier Futur: πιστεύσετε

b Wenn ich euch die irdischen Dinge gesagt habe und ihr mir nicht vertraut, wie werdet ihr Vertrauen haben, wenn ich euch die himmlischen Dinge sage?

W6 Der mürrische Schwiegervater

a Κνήμων, ᾧ – τὴν γυναῖκα, ἣ – Σώστρατός τις, ὃς – ὁ Κνήμων, ᾧ

b Knemon, der eine Tochter hatte, hatte seine Frau nicht mehr, die ihn wegen seines Charakters verlassen hatte. Dann aber kam ein gewisser Sostratos, der die Tochter liebte. Zuerst hinderte jener Mürrische ihn, später aber wollte Knemon, dem Sostratos zum Helfer geworden war, dass der junge Mann seine Tochter heiratete.

S4 Als Frau vor dem Sexboykott

a und b

ποιήσωμεν 1. Pl. Aor. Akt. / Deliberativ – λογισώμεθα und πραξώμεθα 1. Pl. Aor. Med. / Hortativ – ἐπανέλθωσιν 3. Pl. Aor. Akt. / Eventualis – ποιήσωμεν 1. Pl. Aor. Akt. Hortativ – τιμωρήσωσιν 3. Pl. Aor. Akt. / Konjunktiv nach μή

c Was sollen wir tun? Aber lasst uns nun zwar überlegen, aber nicht sofort handeln! Werden etwa unsere Männer ruhig bleiben, wenn sie zu uns zurückkehren? Dies lasst uns nicht tun! Denn ich fürchte, dass die Männer sich an uns rächen.

W5 Alles Tempora

a **Futur:** Präsensstamm + σ + Präsensendung – **Imperfekt:** Augment + Präsensstamm + Imperfektendung – **Aorist:** Augment + Aoriststamm + σ(α) + Aoristendung (Aor. I) bzw. Imperfektendung (Aor. II)

b **ἦλθες:** Augment verschmilzt mit erster Silbe, Aoriststamm ist ελθ, als Aorist II erhält die Form die Imperfektendung -ες – **ἀποπέμψεται:** Präsensstamm verschmilzt am Ende mit Futurkennzeichen σ, dann folgt die Präsensendung -εται – **ἐλθεῖν:** Bei Infinitiven entfällt Augment; auf den Aoriststamm ελθ- folgt beim Aor. II die Infinitivendung -εῖν (statt -σαι im Aor. I) – **ἠλήθευσεν:** Augment verschmilzt mit Aoriststamm (= Präsensstamm), es folgt Aoristkennzeichen σ mit Aorist-I-Endung -εν – **ἔσται:** Im Futur folgen auf den Stamm εσ- die Mediumendungen, in der 3. Pers. Sg. ohne Bildevokal – **ἐλάμβανεν:** Auf das Augment folgt im Imperfekt der Präsensstamm λάμβαν-, die Endung lautet -εν – **ἦρξα:** Augment verschmilzt mit Aoriststamm (= Präsensstamm), dieser wiederum mit Aoristkennzeichen σ, die Endung beim Aorist I in der 1. Pers. Sg. lautet α.

Lektion 24

V1 Verbinde und erkenne

1 XVII – 2 XV – 3 III – 4 XIV – 5 V – 6 XIII – 7 XI – 8 XVI – 9 IV – 10 XII – 11 II – 12 VII – 13 VI – 14 IX – 15 I – 16 X – 17 VIII

F2 Bilde das Schema

	Präsens		Aorist	
	Singular	Plural	Singular	Plural
1. P.	παύωμαι	ὁρμώμεθα	λύσωμαι	λυσώμεθα
2. P.	χαρίζῃ	φοβῆσθε	λύσῃ	αἴσθησθε
3. P.	λύηται	φαίνωνται	γένηται	λύσωνται

S3 Hauptsächlich Konjunktiv

a Deliberativ, Hortativ, Prohibitiv

b Deliberativ Z. 8; Hortativ Z. 11, 15, 23; Prohibitiv Z. 15, 19

W6 Die Temporawand

a 1. „Aoristweg“: ἐφιλοσόφησας – θανεῖν – ἀπέτρεψα – διώξας / τιμωρήσω / βλάψαι – ἔτυχες
2. „Futurweg“: λυπήσεις – βήσεται – ἐλπίσουσιν – τιμωρήσω – φρασόμενος
3. „Präsensweg“: φοβεῖται – ἀποθνήσκουσιν – ἐπαινεῖς – ἀμύνετε – δρῶμεν

b 1. φιλοσοφέω philosophieren, sich mit philosophischen Fragen beschäftigen – (ἀπο)θνήσκω sterben – ἀποτρέπω abwenden, abschrecken – διώκω verfolgen – τιμωρέω m. Dat. rächen, beistehen, m. Akk. sich rächen – βλάπτω schädigen – τυγχάνω erreichen, bekommen
2. λυπέω betrüben, jmd. Leid antun – βαίνω gehen – ἐλπίζω hoffen, erwarten – τιμωρέω m. Dat. rächen, beistehen, m. Akk. sich rächen – φράζω zeigen; sagen
3. φοβέομαι fürchten, sich fürchten – ἀποθνήσκω sterben – ἐπαινέω loben – ἀμύνω abwehren, helfen – δράω tun, handeln

c 1. **ἐφιλοσόφησας** 2. Sg. Ind. Aor. Akt. – **θανεῖν** Inf. Aor. Akt. – **ἀπέτρεψα** 1. Sg. Ind. Aor. Akt. – **διώξας** Nom. Sg. m des Part. Aor. Akt. – **τιμωρήσω** 1. Sg. Konj. Aor. (oder Ind. Fut.) Akt. – **βλάψαι** Inf. Aor. Akt. – **ἔτυχες** 2. Sg. Ind. Aor. Akt.
2. **λυπήσεις** 2. Sg. Ind. Fut. Akt. – **βήσεται** 3. Sg. Ind. Fut. Med./Pass. – **ἐλπίσουσιν** 3. Pl. Ind. Fut. Akt. – **τιμωρήσω** 1. Sg. Ind. Fut. Akt. (oder 1. Sg. Konj. Aor.) – **φρασόμενος** Part. Fut. Med./Pass.
3. **φοβεῖται** 3. Sg. Ind. Präs. Med./Pass. – **ἀποθνήσκουσιν** 3. Pl. Ind. Präs. bzw. Dat. Pl. m/n Part. Präs. Akt. – **ἐπαινεῖς** 2. Sg. Ind. Präs. Akt. – **ἀμύνετε** 2. Pl. Ind. Präs. Akt. – **δρῶμεν** 1. Pl. Ind./Konj. Präs. Akt.

25 Abschlusstest

1 Wortbildungslehre

a ἀ-θάνατος – ἀπο-τρέπω – συν-γίγνομαι – πάρ-ειμι

b Adjektive mit ἀ-privativum bezeichnen ihr Gegenteil. ἀπο- entspricht dem deutschen Präfix weg-. Die Präpositionen σύν (mit) und παρά (bei) helfen ebenfalls bei der Ermittlung der Bedeutung. So ergeben sich die Bedeutungen „un-sterblich" (ἀθάνατος), „weg-wenden" bzw. „abwenden, abschrecken" (ἀποτρέπω), „mit-werden, mit-geschehen" bzw. „zusammenkommen, zusammensein" (συγγίγνομαι), „dabei sein, da sein" (πάρειμι).

2 Deklinationen

a Nasale: μ, ν – Dentale: δ, τ, θ – Labiale: β, π, φ – Gutturale: γ, κ, χ – Liquida: λ, ρ

b Nasal vor σ entfällt – Dental vor σ entfällt – Labial mit σ wird zu ψ – Guttural mit σ wird zu ξ – σ vor Liquida bleibt erhalten.

c

	Singular		Plural	
	m/f	n	m/f	n
Nom.	δυστυχής	δυστυχές	δυστυχεῖς	δυστυχῆ
Gen.	δυστυχοῦς	δυστυχοῦς	δυστυχῶν	δυστυχῶν
Dat.	δυστυχεῖ	δυστυχεῖ	δυστυχέσιν	δυστυχέσιν
Akk.	δυστυχῆ	δυστυχές	δυστυχεῖς	δυστυχῆ

3 Konjugationen

a

		Präsens		Imperfekt	
		Aktiv	Medium	Aktiv	Medium
Sg.	1. P.	-ω	-ομαι	-ον	-ομην
	2. P.	-εις	-ῃ	-ες	-ου
	3. P.	-ει	-εται	-ε(ν)	-ετο
Pl.	1. P.	-ομεν	-ομεθα	-ομεν	-ομεθα
	2. P.	-ετε	-εσθε	-ετε	-εσθε
	3. P.	-ουσιν	-ονται	-ον	-οντο

b Präsensstamm + σ + Präsensendung

c Präsensstamm und -endung bleiben erhalten; die Bindevokale ε und ο werden gedehnt zu η und ω, ein folgendes ι wird zum Iota subscriptum, υ in der 3. Pers. Pl. Akt. entfällt. Da die Endungen der 1. Pers. Sg. Akt. und der 2. Pers. Sg. Med. bereits aus langen Vokalen bestehen, sind hier die Formen von Indikativ und Konjunktiv identisch.

4 Sonderfall Aorist

a **Aorist I:** Augment + Stamm + Aoristkennzeichen mit Endung (-σα, -σας, -σε(ν), -σαμεν, -σατε, σαν / -σαμην, -σω, -σατο, -σαμεϑα, -σασϑε, -σαντο) – **Aorist II:** Augment + Aoriststamm + Imperfektendung

b Bei den Verba muta verschmilzt der Ausgang des Stamms mit σ (nach Gutturalen und Labialen: γ, κ, χ + σ → ξ; β, π, φ, πτ + σ → ψ) oder σ entfällt (nach Dentalen). Bei den Verba liquida fällt σ nach Ersatzdehnung aus (z. B. ἀγγέλλω, ἤγγειλα / μένω, ἔμεινα).

c Der Aorist wird bei den Verba contracta ebenso gebildet wie bei den anderen Verba vocalia; allerdings wird der Stammauslaut gedehnt (z. B. ποιέω, ἐποίησα).

5 Partizip

a **Partizip Präsens Aktiv:** Präsensstamm + -ων, -ουσα, -ον (-οντος, -ουσης, -οντος) – **Partizip Präsens Medium/Passiv:** Präsensstamm + -όμενος, -ομένη, -όμενον – **Partizip Futur Akt. und Med.:** Wie Präsens, aber mit Kennzeichen σ nach dem Stamm – **Partizip Aor. Akt.:** Aor. I: Präsensstamm + -σας, -σασα, -σαν (-σαντος, -σασης, -σαντος) – **Partizip Aorist Medium:** Präsensstamm + -σάμενος, -σαμένη, -σάμενον.
Die Partizipien des Aktivs werden nach der 3. Dekl. (m und n) bzw. nach der a-Dekl. (f) dekliniert, die Partizipien des Mediums nach der o- und a-Deklination.

b Da bei einem prädikativen Partizip das Sinnverhältnis zum Prädikat eine Rolle spielt (z. B. kausal), übersetzt man es meistens mit einem Adverbialsatz (z. B. „Weil ..."). Das attributive Partizip steht in der Regel mit Artikel und lässt sich wörtlich oder mit Relativsatz übersetzen. Das substantivierte Partizip übersetzt man gewöhnlich wörtlich (z. B. „die Liebenden").

c Bei einem Genitivus absolutus stehen Partizip und Beziehungswort im Genitiv. Meistens empfiehlt sich Unter- oder Beiordnung, wobei das Beziehungswort zum Subjekt, das Partizip zum Prädikat wird. Es ist zu prüfen, ob weitere Satzteile zum Genitivus absolutus gehören (z. B. Objekte, Adverbien).

d ὡς (zeigt subjektiven Grund an: „in Meinung dass, als ob"; bei Part. Fut. finale Sinnrichtung: „um zu") – ἅτε (zeigt objektiven Grund an: „weil")

6 Wer sein Leben liebt ...

a Nach der Einleitung (Ἀμὴν ἀμὴν λέγω ὑμῖν) folgen zunächst zwei Satzgefüge mit paralleler Struktur, eingeleitet durch ἐάν, dann zwei Sätze, die mit Partizipialkonstruktionen beginnen, mit ebenfalls paralleler Struktur, schließlich wieder zwei Satzgefüge, eingeleitet mit ἐάν, wobei das zweite Satzgefüge viel kürzer ist als das erste.

b

	Tempus	Präsens	Futur	Aorist
Modus	Indikativ	λέγω, μένει, φέρει, ἀπολλύει, εἰμὶ	φυλάξει, ἔσται, τιμήσει	
	Konjunktiv	διακονῇ		ἀποθάνῃ

c Amen, amen ich sage euch, wenn das Weizenkorn nicht in die Erde fällt und stirbt, bleibt es allein; wenn es aber stirbt, bringt es viel Frucht. Der, der sein Leben liebt, verliert es, und der, der sein Leben in dieser Welt hasst, wird es ins ewige Leben hinein bewahren. Wenn mir jemand dient, soll er mir folgen, und wo ich bin, dort wird auch mein Diener sein; wenn mir jemand dient, wird ihn der Vater ehren.

Lernbegleiter: Vokabeln

Grammatikstoff + Grammatikseite	Wiederholung 1	Wiederholung 2	Wiederholung 3	Wiederholung 4

Lernbegleiter: Formen

Vokabel + Bedeutung	Wiederholung 1	Wiederholung 2	Wiederholung 3	Wiederholung 4